西南联大（1937—1946）文史通识讲

历史课

张荫麟
等 著

苏州新闻出版集团
古吴轩出版社

图书在版编目（CIP）数据

西南联大文史通识讲. 历史课 / 张荫麟等著. -- 苏州 ：古吴轩出版社，2023.7
ISBN 978-7-5546-2158-5

Ⅰ. ①西… Ⅱ. ①张… Ⅲ. ①文史—高等学校—教材 ②中国历史—古代史—高等学校—教材 Ⅳ. ①C43 ②K22

中国国家版本馆CIP数据核字（2023）第114666号

责任编辑： 顾　熙
见习编辑： 张　君
策　　划： 村　上　牛宏岩
装帧设计： 言　成

书　　名： **西南联大文史通识讲·历史课**
著　　者： 张荫麟等
出版发行： 苏州新闻出版集团
古吴轩出版社

地址：苏州市八达街118号苏州新闻大厦30F
电话：0512-65233679　　　邮编：215123

出 版 人： 王乐飞
印　　刷： 天宇万达印刷有限公司
开　　本： 880×1230　1/32
印　　张： 8
字　　数： 170千字
版　　次： 2023年7月第1版
印　　次： 2023年7月第1次印刷
书　　号： ISBN 978-7-5546-2158-5
定　　价： 46.00元

商朝从成汤创业以后，六百年间，可考的大事，除了六次迁都，除了对鬼方的大战，除了最后直接间接和亡国有关的打击外，便是五度由盛而衰的循环。

——张荫麟《夏商大事及以前之传说》

以一个擅长农业的民族，经过移民的选择，来到肥沃土地，而且饱经忧患，勤奋图存，故不数十年间，便蔚为一个富强之国。

——张荫麟《周朝的兴起》

约定楚汉平分天下，以鸿沟（在广武荥泽间）为界准，其东属楚，其西属汉；楚放还前所掳汉王之父及妻。约成，项羽便罢兵东归。

——张荫麟《楚汉之战及其结局》

景、武之际是汉代统治权集中到极的时期，也是国家的富力发展到极的时期。

——张荫麟《纯郡县制的重建》

经过汉末的大乱与三国的扰攘之后，天下一并于晋，大局似乎又安定下来。但这只是片时的安定，不过是大崩溃前的回光返照。

——雷海宗《西晋与中原之沦丧》

（唐太宗）是文武全才的人物，性情仁恕，最少肯行仁恕的政策，并且对各种人才都善于笼络任用。所以后世的人把“贞观之治”理想化，并非无因。

——雷海宗《大唐二元帝国》

都城中已没有赵匡胤的敌人了。一切仪文从略。是日傍晚，赵匡胤即皇帝位。因为他曾领过宋州节度使的职衔，定国号为宋；他便是宋太祖。

——张荫麟《宋朝的开国和开国规模》

大清帝国的疆土可与汉唐盛时相比拟。关外各地先后统一，入主中国后又向西北发展，乾隆时代清朝的领土达到最广的限度。

——雷海宗《清朝的统治手段》

目录

中华文明起源——夏、商、周

封建国家的建立与巩固——秦、汉大一统

民族大融合——魏晋南北朝

封建国家的发展——隋唐大一统

多民族政权的并立及统一与衰败——辽宋夏金元

中国版图的奠定与面临的挑战——明清

中华文明起源——夏、商、周

1937—1946

夏商大事及以前之传说 张荫麟

商朝从成汤创业以后，六百年间，可考的大事，除了六次迁都，除了对鬼方的大战，除了最后直接间接和亡国有关的打击外，便是五度由盛而衰的循环。所谓盛就是君主英武，诸侯归服；所谓衰就是君主昏暗，或王室内乱，而诸侯叛离。前期第一度的盛衰牵涉到汤孙太甲（商朝第四王）和汤的开国功臣伊尹的关系。这有二说：一说太甲无道，“颠覆汤之典型”，伊尹把他放逐于桐，过了三年，伊尹见他悔过修德，又迎他复位。一说伊尹于商王仲壬死后，把法当嗣位的太甲放逐于桐，而自即王位；其后七年，太甲自桐潜出，杀伊尹。肇始商朝后期的盘庚是一中兴之主。在他以后，惟他的侄子武丁曾一度中兴。武丁以降，商朝一直衰下去。继位的君主皆生长安逸，“不知稼穑之艰难，惟耽乐之从”（这是周朝开国元勋周公追数前朝衰亡的原因的话）。他们以畋游荒宴代替了国政的烦劳。在商朝末年，一种叔世的颓废和放纵弥漫了整个商人社会。狂饮滥醉的风气普遍于君主、贵族和庶民。这是他们亡国的主因。

在叙述商朝灭亡的经过之前，让我们回溯商朝所继承的历史线索。

商朝所替换的朝代是夏。关于夏朝，我们所知，远更模糊。例如夏朝已有没有文字？有没有铜器？其农业发展到什么程度？其政治组织与商的异同如何？这些问题都无法回答。在后人关于夏朝的一切传说和追记中，我们所能抽出比较可信的事实，大要如下。

夏朝历年约莫四百。其君位是父死子继而不是兄终弟及。其国都的迁徙比商朝更为频数。最初的君主禹历都阳城、晋阳、安邑，皆不出今山西的西南角（阳城在翼城西，晋阳在临汾西，安邑在平陆东北）。禹子启始渡河而南，居今新郑、密县间。以后除启孙后相因外患失国远窜外，夏主的迁徙，不出今河南的黄河以南，汝、颍以北。当夏朝为成汤所灭时，都于斟鄩，即今巩县[①]西南。夏朝最大的事件是与外族有穷氏的斗争。有穷氏以鉏（今河南滑县东）为根据地，当启子太康时，攻占了夏都（时在斟鄩）。以后统治了夏境至少有六七十年。太康逃居于外，有穷氏以次立其弟仲康及仲康子后相为傀儡。后相继被窜逐追杀。后来后相的遗腹子少康收聚夏朝的残余势力，乘有穷氏的衰弱，把他灭掉，恢复旧物。有穷氏是在夏境的东北，后来灭夏的成汤则来自东南，其先世亦发祥于东北。夏朝的外患盖常在东方。

成汤的先世累代为部族长。他的先十四代祖契与禹同时，以蕃（今河北平山附近）为根据地。契子昭明迁于砥石（今河北砥水流域），继迁于商（今河南商丘），“天邑商”及商朝之得名由

① 巩县：今河南巩义市。

此。昭明子相土是一雄才大略的君长，曾大启疆宇，以相（在今安阳西十五里）为东都。可惜他的功业的记录只剩下他的后裔的两句颂诗：

相土烈烈，海外有截。

此时的海外说不定就是辽东或朝鲜。后来商朝亡后，王弟箕子能逃入朝鲜而历世君临其地，莫不是因为商人原先在那里有些根据？相土以后两三百年间，商人的事迹无考，也许这是他们的中衰时代（传说相土发明以马驾车，又他的后裔王亥——也是成汤的先世——发明以牛驾车）。到了成汤才复把商人带领到历史上，他从商北迁于亳，继灭了北方的若干邻族，然后向夏进攻，夏主桀兵败，被他放逐于南巢（在今安徽巢县[①]东北五里）而死，夏朝于此终结。

我们若从夏朝再往上溯，则见历史的线索迷失于离奇的神话和理想化的传说中不可析辨了。凡此种种，本书自宜从略。但其中有一部分和后来历史的外表，颇有关系，应当附带叙及。

据说禹所继承的君主是舜，国号虞，舜所继承的是尧，国号唐。当尧舜之世，天下为公，而不是一家一姓所得私有的。尧怎样获得帝位，传说没有照顾到。舜本是历山（在今山东）的农夫，有一串故事（这里从略）表明他是一个理想的孝子和理想的贤兄，又有一串故事（例如他在哪里耕种，哪里的农人便互相让

① 巢县：属今巢湖市。

界；他在哪里打鱼，哪里的渔人便互相让屋；他在哪里造陶器，哪里的陶工便不造劣器）表明他是一个理想的领袖。帝尧闻得他的圣明，便把他召到朝廷里来，把两个女儿同时嫁给他，试他治家的能力；并拿重要的职位去试他政治的能力。他果然家庭雍睦，任事称职。尧老了，便告退，把帝位推让给他。尧的时候有一场普遍于全“中国”的大水灾。禹父鲧，因治水无功，被处死刑，禹继承了他父亲的任务终于把水患平定。禹治水的工作凡历十三年，在这期间，曾三次走过自己的家门，都没有进去，有一次并且听到新产的儿子在呱呱地哭呢。后来舜照尧的旧例，把帝位推让给禹。禹在死前，也照例选定了一位益做自己的继承者。但禹死后，百姓不拥戴益，而拥戴禹的儿子启，于是启践登了帝位（一说益和启争位，为启所杀）。旧例一破便不再回复了。这便是尧舜“禅让”的故事。

还有一位值得提到的传说中重要人物，那是黄帝。他所占故事中的时代虽在尧舜之先，他的创造却似在尧舜之后。照传说的一种系谱（《史记·五帝本纪》），他是尧的高祖，舜的八世祖，禹的高祖（舜反比禹低三辈，这很奇怪），也是商周两朝王室的远祖，并且成了后来许多向化的外族的祖先。黄帝和他左右的一班人物并且是许多文化成分的创造者，例如他发明舟、车、罗盘、阵法、占星术和许多政治的制度；他的妃嫘祖最初教人养蚕织丝；他的诸臣分别发明文字、算术、历法、甲子和种种乐器。总之，他不独是中国人的共祖，并且是中国文化的源头。他的功用是把中国古代史大大地简单化了。

周朝的兴起 张荫麟

现在让我们离开想象，回到事实。

当商朝最末的一百年间，在渭水的流域，兴起了一个强国，号为周。周字的古文像田中有种植之形，表示这国族是以农业见长。周王室的始祖后稷（姬姓），乃是一个著名的农师（传说与禹同时），死后被周人奉为农神的。后稷的子孙辗转迁徙于泾渭一带；至古公亶父（后来追称太王），原居于豳（今陕西郃县[1]附近），因受不了鬼方侵迫，率众迁居岐山（在今陕西岐山县境）之下。这一带地方盖特别肥沃，所以后来周人歌咏它道：

> 周原膴膴，堇荼如饴。

以一个擅长农业的民族，经过移民的选择，来到肥沃土地，而且饱经忧患，勤奋图存，故不数十年间，便蔚为一个富强之国。到了古公子季历（后来追称王季）在位时，竟大败鬼方，

---

① 郃县：今陕西省彬州市。

俘其酋长二十人了。古公在豳，还住地穴，其时周人的文化可想而知。迁岐之后，他们开始有宫室、宗庙和城郭了。季历及其子昌（后来追称文王）皆与商朝联婚，这促进了周人对商文化的接受，也即促进了周人的开化。

至少自古公以下，周为商朝的诸侯之一，故卜辞中有“令周侯”的记录。旧载季历及昌皆受商命为“西伯”，即西方诸侯之长，当是可信。但卜辞中屡有“寇周”的记载，可见商与周的关系并不常是和谐的。旧载古公即有“翦商”的企图。盖周自强盛以来，即以东向发展为一贯之国策。古公和季历的雄图的表现，于史无考，但西伯昌的远略尚可窥见一斑。他在逝世前九年，自称接受了天命，改元纪年。此后六年之间，他至少灭掉了四个商朝的诸侯国：

一、密　今甘肃灵台县西；

二、黎　今山西黎城县东北；

三、邘　今河南怀庆[①]西北；

四、崇　今河南嵩县附近。

此外商诸侯不待征伐而归附他的当不少。又旧载西伯昌曾受商王纣命，管领江、汉、汝旁的诸侯，大约他的势力已及于这一带。后来周人说他“三分天下有其二”，若以商朝的势力范围为天下，恐怕竟去事实不远了。灭崇之后，西伯昌作新都于丰邑

① 怀庆：路、府名。元延祐六年（1319年）改怀孟路为怀庆路。治河内（今沁阳市）。辖境相当今河南修武、武陟以西，黄河以北地区。明洪武初改为府，1913年废。

（在今长安县[1]境），自岐下东迁居之。他东进的意向是够彰明的了。

文王死后第四年的春初，他的嗣子武王发率领了若干诸侯及若干西北西南土族的选锋（中有庸、蜀、羌、髳、微、卢、彭、濮等族类，其名字不尽见于以前和以后的历史），大举伐商；他的誓师词至今犹存，即《尚书》里的《牧誓》。凭一场胜仗，武王便把商朝灭掉。战场是牧野，离商王纣的行都朝歌（今河南淇县）不远。朝歌是他的离宫别馆所在，是他娱悦晚景的胜地。这时他至少已有六七十岁了。在享尽了畋游和酒色的快乐之后，他对第一次挫败的反应是回宫自焚而死。商兵溃散，武王等长驱入殷。商朝所以亡得这样快，照后来周人的解释是文王、武王累世积德行仁，民心归向，而商纣则荒淫残暴，民心离叛；所谓“汤武革命，顺乎天而应乎人”。这固然不能说没有一些事实的影子，但事实决不如此简单。周人记载中无意泄露的关于商、周之际的消息，有两点可注意。一说“纣克东夷而陨其身”。可见商人在牧野之战以前，曾因征服东方的外族，而把国力大大损耗了；武王乃乘其疲敝而取胜的。一说“昔周饥，克殷而年丰”。可见牧野之战，也是周人掠夺粮食、竞争生存之战。武王是知道怎样利用饥饿的力量的。

殷都的陷落和商朝的覆亡，只是周人东向发展的初步成功。商朝旧诸侯的土地并不因此便为周人所有，而且许多旧诸侯并不

① 长安县：今陕西省西安市长安区。

因此就承认武王为新的宗主。此后武王、成王、康王之世，不断地把兄弟、子侄、姻戚、功臣分封于外，建立新国。这些新国大抵是取旧有的诸侯而代之，也许有的是开辟本来未开辟的土地。每一个这类新国的建立，便是周人的一次向外移殖，便是周人势力范围的一次扩展。

但当初武王攻陷殷都之后，并没有把殷都及殷王畿占据，却把纣子武庚禄父封在这里，统治商遗民，而派自己的两个兄弟管叔和蔡叔去协助并监视他们。这不是武王的仁慈宽大。这一区域是民族意识特别深刻的“殷顽民”的植根地，而且在当时交通不便的情形之下，离周人的“本部”丰岐一带很远，显然是周人所不易统治的。故此武王乐得做一个人情。但这却种下后来一场大变的原因。武王克殷后二年而死，嗣子成王年幼，王叔周公旦以开国功臣的资格摄政。管、蔡二叔心怀不平，散布流言，说“周公将不利于孺子”。并鼓动武庚禄父联结旧诸侯国奄（今山东曲阜一带）和淮水下游的外族淮夷，背叛周室。周公东征三年，才把这场大乱平定。用兵的经过不得而详，其为坚苦卓绝的事业，是可想象的。于是周公以成王命，把殷旧都及畿辅之地封给文王的少子康叔，国号卫；把商丘一带及一部分殷遗民封给纣的庶兄微子启，以存殷祀，国号宋；把奄国旧地封给周公子伯禽，国号鲁；又封功臣太公望（姜姓）的儿子于鲁之北，国号齐（都今山东临淄）；封功臣召公奭（周同姓）的儿子于齐之北，国号燕

（都今北平[①]附近）；都是取商朝旧有诸侯国而代之的。周公东征之后，周人的势力才达到他们的“远东”。就周人向外发展的步骤而论，周公的东征比武王的克殷还更重要。这大事业不可没有一些艺术的点缀。旧传《诗经·豳风》里《东山》一篇就是周公东征归后所作，兹录其一章如下：

> 我徂东山，慆慆不归。我来自东，零雨其蒙。鹳鸣于垤，妇叹于室。洒埽穹窒，我征聿至。有敦瓜苦，烝在栗薪，自我不见，于今三年。

假如传说不误，这位多才多艺的军事政治家，还是一个委婉的诗人呢！

先是武王克殷后，曾在丰邑以东不远，另造新都曰镐京（仍在长安县境），迁居之，是为宗周。“远东”戡定后，在周人的新版图里，丰镐未免太偏处于西了。为加强周人在东方的控制力，周公在洛阳的地方建筑一个宏伟的东都，称为成周。成周既成，周公把一大部分“殷顽民”，远迁到那里。从此周人在东方可以高枕无忧了。却不料他们未来的大患乃在西方！周公对被迁到成周的殷人的训词，至今还保存着，即《尚书》里的《多士》。

武王、成王两世，共封立了七十多个新国，其中与周同姓的有五十多国；但这七十余国而外，在当时黄河下游和大江以南，旧有

①北平：今北京市。

国族之归附新朝或为新朝威力所不届的，大大小小，还不知凡几。在这区域内，周朝新建的和旧有的国，现在可考的有一百三十多。兹于现在可考的周初新建国中，除上面已提到的宋、卫、鲁、齐、燕外，择其可以表示周人势力的分布的十八国列表如下：

国名	姓	始祖与周之关系	国都今地
晋	姬	武王子叔虞	山西太原北
霍	姬	文王子叔处	山西霍县①
邢	姬	周公子	河北邢台
芮	姬		陕西大荔县南
贾	姬		陕西蒲城西南
西虢	姬	文王弟虢叔	陕西宝鸡县②东
滕	姬	文王子叔绣	山东滕县③
郕	姬	文王子叔武	山东汶上县北
郜	姬	文王子	山东城武县④东南
曹	姬	文王子叔振铎	山东定陶县⑤
东虢	姬	文王弟虢仲	河南汜水县⑥

① 霍县：今山西霍州市。
② 宝鸡县：今属陕西省宝鸡市。
③ 滕县：今山东省滕州市。
④ 城武县：今山东成武县。
⑤ 定陶县：今山东省菏泽市定陶区。
⑥ 汜水县：今河南省荥阳市汜水镇。

（续表）

国名	姓	始祖与周之关系	国都今地
蔡	姬	文王子叔度	河南上蔡县（约在前530年左右迁于今新蔡）
祭	姬	周公子	河南郑州东北
息	姬		河南息县
申	姜		河南南阳北
蒋	姬	周公子	河南固始县西北
随	姬		湖北随县
聃	姬	文王子季载	湖北荆门东南

本节叙周人的东徙至周朝的创业，本自成一段落。但为以下行文的方便起见，并将成王后康、昭、穆、共、懿、孝、夷、厉八世的若干大事附记于此。这时期的记载甚为缺略，连康、昭、共、懿、孝、夷六王在位的年数亦不可考（成王在位的年数亦然）。因此厉王以前的一切史事皆不能正确地追数为距今若干年。成、康二世为周朝的全盛时代，内则诸侯辑睦，外则四夷畏慑。穆王喜出外巡游，其踪迹所及，不可确考，但有许多神话附着于他。夷王时周室始衰，诸侯多不来朝，且互相攻伐。厉王即位于公元前878年。他因为积久的暴虐，于即位第三十七年，为人民所废逐，居外十四年而死。在这期间，王位虚悬，由两位大臣共掌朝政，史家称之为共和时代。厉王死后，其子继立，是为宣王。

封建帝国的组织 张荫麟

武王所肇创、周公所奠定的“封建帝国”，维持了约莫七百年（公元前11世纪初至前5世纪末）。这期间的社会概况便是本章所要描写的。自然在这期间，并非没有社会变迁，而各地域的情形也不一致。这纵横两方面的变异，虽然现在可能知道的很少，下文也将连带叙及。这个时期是我国社会史中第一个有详情可考的时期。周代的社会组织可以说是中国社会史的基础。从这散漫的封建的帝国到汉以后统一的郡县的帝国，从这阶级判分、特权固定的社会到汉以后政治上和法律上比较平等的社会，这其间的历程，是我国社会史的中心问题之一。

上面所提到“封建”一词常被滥用。严格地说封建的社会的要素是这样：在一个王室的属下，有宝塔式的几级封君，每一个封君，虽然对于上级称臣，事实上是一个区域的世袭的统治者而兼地主；在这社会里，凡统治者皆是地主，凡地主皆是统治者，同时各级统治者属下的一切农民非农奴即佃客，他们不能私有或转卖所耕的土地。照这界说，周代的社会无疑地是封建社会。而且在中国史里只有周代的社会可以说是封建的社会。名义上这整个的帝国是“王土”，整个帝国里的人都是“王臣”，但事实上周王所直接统属的只是王畿之地。王畿是以镐京和洛邑为两个焦点，其范围现在不能确考，但可知其北不过黄河，南不到汉水流域，东不到淮水流域，西则镐京已接近边陲。王畿之地，在周人的估计中，是约莫一千里左右见方。王畿之外，周室先后至少封立了一百三十个以上（确数不可考）的诸侯国，诸侯对王室的义务不过按期纳贡朝觐，出兵助王征伐，及救济畿内的灾患而已。诸侯国的内政几乎完全自主。而王室开国初年的武威过去以后，诸侯对王室的义务也成了具文，尽不尽听凭诸侯的喜欢罢了。另一方面，周王在畿内，诸侯在国内，各把大部分的土地，分给许多小封君。每一小封君是其封区内政治上和经济上的世袭主人，人民对他纳租税，服力役和兵役，听凭他生杀予夺，不过他每年对诸侯或王室有纳贡的义务。

周朝的诸侯国，就其起源可分为四类。第一类是开国之初，王室把新征服或取得的土地，分给宗亲姻戚或功臣而建立的。前章所表列的国家皆属此类。第二类是开国许久之后，王室划分畿内的土地赐给子弟或功臣而建立，例如郑、秦。郑始祖为周厉王少子友，宣王时始封，在今陕西华县[①]。幽王之乱，郑友寄家于郐及东虢，因而占夺其地，别建新国（在今河南中部黄河以南新郑一带）。第三类是拿商朝原有的土地封给商朝后裔的，属于此类的只有宋。第四类是商代原有的诸侯国或独立国，归附于周朝

① 华县：今陕西省渭南市华州区。

的，例如陈、杞等。旧说周朝诸侯，爵分五等，即公、侯、伯、子、男。此说曾有人怀疑。但现存东周的鲁国史记里确有这五等的分别。其中所称及的诸侯公爵的只有宋，男爵的只有许（今河南许昌）；属于第一类的多数为侯，亦有为伯的；属于第二类的秦、郑皆为伯；属于第四类的大抵为子。

王畿内的小封君殆全是王族。列国的小封君原初殆亦全是"公族"（国君的同族）；但至迟在前7世纪初这种清一色的局面已打破。齐桓公（前651至前643年①）有名的贤臣管仲和景公（前547至前490年在位）有名的贤臣晏婴都有封地，却非公族，晏婴并且据说是个东夷。晋国自从献公（前677至前651年在位）把公族几乎诛逐净尽，后来的贵族多属异姓，或来自别国。秦国自从它的政制有可稽考，自从穆公（前659至前621年在位）的时代，已大用"客卿"，公族始终在秦国没有抬过头。但鲁、郑和宋国，似乎终春秋之世不曾有过（至少稀有）非公族的小封君。这个差异是进取和保守的差异的背景，也是强弱的差异的背景。畿内小封君的情形，我们所知甚少，姑置不谈。列国的小封君统称为大夫。列国的大夫多数是在国君的朝廷里任职的，其辅助国君掌理一般国政的叫作卿。卿有上下或正副之别。大国的卿至多不过六位。大夫亦有上下的等级，但其数目没有限制。大夫的地位是世袭的，卿的地位却照例不是世袭的，虽然也有累代为卿的巨

① 齐桓公：公元前685至前643年在位，公元前651年是葵丘之会的时间，葵丘之会标志着齐恒公霸业的顶峰。

室。大夫的家族各有特殊的氏。有以开宗大夫的官职为氏的；有以封地的首邑为氏的；若开宗大夫为国君之子，则第三世以下用开宗大夫的别字为氏。下文为叙述的便利，称大夫的世袭的家业为“氏室”，以别于诸侯的“公室”和周王的“王室”。（注：周制，列国的卿，有一两位要由王朝任命，但此制实施之时间空间范围不详。）

周王和大小的封君（包括诸侯）构成这封建社会的最上层，其次的一层是他们所禄养的官吏和武士，又其次的一层是以农民为主体的庶人，最下的一层是贵家所豢养的奴隶。

封建组织的崩溃 张荫麟

我们对于商朝的政治组织，所知甚少，所以无法拿商、周两朝的政治组织做详细的比较。但其间有一重大的差异点是可以确知的。商朝创建之初并没有把王子分封于外，以建立诸侯国。商朝王位的继承，是以兄终弟及（不分嫡庶）为原则的。但到了无弟可传的时候，并不是由所有的伯叔兄弟以次继承（由末弟诸子抑或由其先兄诸子以次继承亦无一定）。在这种情形之下，第二世以后的王子总有许多不得为王的。这些不得为王的王子是否有的被封在外建国？这问题无法确答。但周朝的旧国当中，从没听说是商朝后裔的。而唯一奉殷祀的宋国，却是周人所建。可知王子分封的事在商朝若不是绝无，亦稀有。但在周朝，则不然了；王位是以嫡长子继承的；王的庶子，除在少数例外的情形之下（如王后无出，或嫡长子前死），都没有为王的资格；所以文王、武王的庶子都受封建国，其后周王的庶子在可能的限度内也都或被封在畿外建国，或被封在畿内立家。这商、周间的一大差异有两种重大的结果。第一，因为王族的向外分封，周朝王族的地盘，比之商朝大大地扩张了。王室的势力，至少在开国初年大大地加强了；同时王的地位也大大地提高了。周王正式的名号是“天王”，通俗的称号是“天子”，那就是说，上帝在人间的代表。第二，王族的向外分封也就是周人的向外移殖；这促进民族间的同化，也就助成“诸夏”范围的拓展。

嫡长继承制把王庶子的后裔逐渐推向社会的下层去，而助成平民（即所谓庶人）地位的提高。周王的庶子也许就都有机会去做畿外的诸侯或畿内的小封君；他的庶子的庶子也许还都有机会做畿内的封君；但他的庶子的庶子的庶子则不必然了。越往下去，他的后裔胙土受封的机会越少，而终有侪于平民的。所以至迟在前7世纪的末年畿内原邑的人民，便会以“此谁非王之亲姻”自夸。随着贵族后裔的投入平民阶级里，本来贵族所专有的教育和知识也渐渐渗入民间。

周朝诸侯和大夫的传世也是用嫡长继承制（以现在所知诸侯位之传袭曾不依此例者有吴、越、秦、楚。楚初行少子承袭制，至前630年以后，始改用嫡长承袭制；秦行兄终弟及制，至前620年以后始改用嫡长承袭制；吴亡于前473年，其前半世纪还行兄终弟及制）。在嫡长继承制下，卿大夫的亲属的贵族地位最难长久维持。大夫的诸儿子当中只有一个继承他的爵位，其余的也许有一个被立为“贰宗”或“侧室”，也许有一两个被国君赏拔而成为大夫；但就久远而论，这两种机会是不多的。一个“多男子”的大夫总有些儿子得不到封邑，他的孙曾更不用说了。这些卿大夫的旁支后裔当中，和氏室的嫡系稍亲的多半做了氏室的官吏或武士，疏远的就做他属下的庶民。故一个大夫和他私家的僚属战士，每每构成一大家族：他出征的时候领着同族出征，他作乱的时候领着整族作乱，他和另一个大夫作对就是两族作对，他出走的时候或者领着整族出走，他失败的时候或者累得整族被灭。

氏室属下的庶民也许就是氏室的宗族，否则也是集族而居的。氏室上面的一层是国君和同姓卿大夫构成的大家族，更上的一层是周王和同姓诸侯构成的大家族。其天子和异姓诸侯间，或异姓诸侯彼此间，则多半有姻戚关系。这整个封建帝国的组织大体上是以家族为经，家族为纬的。

因此这个大帝国的命运也就和一个累世同居的大家庭差不多。设想一个精明强干的始祖督率着几个少子，在艰苦中协力治产，造成一个富足而亲热的、人人羡慕的家庭。等到这些儿子各各娶妻生子之后，他们对于父母和他们彼此间，就难免形迹稍为疏隔。到了第三代，祖孙叔侄或堂兄弟之间，就会有背后的闲话。家口愈增加，良莠愈不齐。到了第四、五代，这大家庭的分子间就会有仇怨、有争夺、有倾轧，他们也许拌起嘴、打起架甚至闹起官司来。至迟在东周的初期，整个帝国里已有与此相类似的情形，充满了这时代的历史的是王室和诸侯间的冲突，诸侯彼此间的冲突，公室和氏室间的冲突，氏室彼此间的冲突。但亲者不失其为亲，宗族或姻戚间的阋争，总容易调停，总留点余地。例如前705年，周桓王带兵去打郑国，打个大败，并且被射中了肩膊。有人劝郑庄公正好乘胜追上去，庄公不答应，夜间却派一位大员去慰劳桓王，并且探问伤状。又例如前634年，齐君带兵侵入鲁境。鲁君知道不敌，只得派人去犒师，并叫使者预备好一番辞令，希望把齐师说退。齐君见了鲁使问道：鲁人怕吗？答道：小百姓怕了，但上头的人却不怕。问：你们家里空空的，田野上没一根青草，凭什么不怕？鲁使答道：凭着先王的命令。随后他追溯从前鲁国的始祖周公和齐国的始祖姜太公怎样同心协力，辅助成王，成王怎样感谢他们，给他们立过“世世子孙无相害”的盟誓；后来齐桓公怎样复修旧职，纠合诸侯，给他们排解纷争，拯救灾难。最后鲁使作大意如下的陈说：您即位的时候，诸侯都盼望您继续桓公的事业，敝国所以不敢设防，以为难道您继桓公的位才九年，就会改变他的政策吗？这样怎对得住令先君？我们相信您一定不会的，靠着这一点，我们所以不怕。齐君听了这番话，便命退兵。又例如前554年，晋师侵齐，半路听说齐侯死了，便退还。这种顾念旧情、不为已甚的心理加上畏惧名分、虽干犯而不敢过度干犯的矛盾心理，使得周室东迁后三百年间的中国尚不致成为弱肉强食的世界。这两种心理是春秋时代之所以异于后来战国时代的地方。不错，在春秋时代灭国在六十以上；但其中大部分是以夷灭夏和以夏灭夷；诸夏国相灭只占极少数，姬姓国相灭的例尤少。而这少数的例中，晋国做侵略者的占去大半。再看列国的内部：大夫固然有时逐君弑君，却还要找一个比较合法的继承者来做傀儡。许多国的君主的权柄固然是永远落在强大的氏室，但以非公室至亲的大夫而篡夺或僭登君位的事，在前403年晋国的韩、赵、魏三家称侯以前，尚未有所闻。故此我们把这一年作为本章所述的时代的下限。

宗族和姻戚的情谊经过了世代愈多，便愈疏淡，君臣上下的名分，最初靠权力造成，名分背后的权力一消失，名分便成了纸老虎，必被戳穿，它的窟窿愈多，则威严愈减。光靠亲族的情谊和君臣的名分去维持的组织必不能长久。何况姬周帝国之外本来就有不受这两种链索拘束的势力。

楚的兴起 张荫麟

江水在四川、湖北间被一道长峡约束住；出峡，向东南奔放，泻成汪洋万顷的洞庭湖，然后折向东北；至武昌，汉水来汇。江水和汉水界划着一大片的沃原，这是荆楚民族的根据地。周人虽然在汉水下游的沿岸（大部分在东北岸）零星地建立了一些小国，但他们是绝不能凌迫楚国，而适足以供它蚕食的。在楚的西边，巴（在今巫山至重庆一带）、庸（在今湖北竹山县东）等族都是弱小得只能做楚的附庸；在南边，洞庭湖以外是无穷尽的荒林，只等候楚人去开辟；在东边，迄春秋末叶吴国勃兴以前，楚人亦无劲敌。从周初以来，楚国只有侵略别国别族的份，没有惧怕别国别族侵略的份。这种安全是黄河流域的诸夏国家所没有的。军事上的安全而外，因为江汉流域的土壤肥美，水旱稀少，是时的人口密度又比较低，楚人更有一种北方所仰羡不及的经济的安全。

这两种的安全使得楚人的生活充满了优游闲适的空气，和北人的严肃紧张的态度成为对照。这种差异从他们的神话可以看出。楚国王族的始祖不是胼手胝足的农神，而是飞扬缥缈的火神；楚人想象中的河神不是治水平土的工程师，而是含睇宜笑的美女。楚人神话里，没有人面虎爪、遍身白毛、手执斧钺的蓐收（上帝的刑神），而有披着荷衣、系着蕙带、张着孔雀盖和翡翠旍的司命（主持命运的神）。适宜于楚国的神祇的不是牛羊犬豕的膻腥，而是蕙肴兰藉和桂酒椒浆的芳烈；不是苍髯皓首的祝史，而是采衣姣服的巫女。再从文学上看，后来战国时楚人所作的《楚辞》也以委婉的音节、缠绵的情绪、缤纷的辞藻而别于朴素、质直、单调的《诗》三百篇。

楚国的语言和诸夏相差很远。例如楚人叫哺乳作谷，叫虎作於菟。直至战国时北方人还说楚人为“南蛮鴃舌之人”。但至迟在西周时楚人已使用诸夏的文字。现存有一个周宣王时代的楚钟（夜雨楚公钟），其铭刻的字体文体均与宗周金文一致。这时楚国的文化盖已与周人相距不远了。后来的《楚辞》也大体上是用诸夏的文言写的。

第一章里已提及，传说周成王时，楚君熊绎曾受周封。是时楚都于丹阳，在今湖北秭归之东。至昭王时，楚已与周为敌。周昭王曾屡次伐楚，有一次在汉水之滨全军覆没。后来他南巡不返，传说是给楚人害死的，周人也无可奈何。周夷王时，熊渠崛起，东向拓地至于鄂，即今武昌县[①]境。渠子红继位，即都于鄂，以后六传至熊咢不改。上文提到的楚钟即熊咢的遗器，发现于武昌与嘉鱼之间的。熊咢与宣王同时而稍后。当宣王之世，周楚曾

① 武昌县：今湖北省武汉市江夏区。

起兵争，而楚锋大挫。故是时的周人遗诗有“蠢尔蛮荆，大邦为雠。方叔元老，克壮其猷”之语。咢四传为武王，其间楚国内变频仍，似无暇于外竞。武王即位于周平王三十一年，从他以后，楚国的历史转入一新阶段，亦从他以后楚国的历史才有比较详细的记录。他三次侵随；合巴师围鄾、伐郧、伐绞、伐罗，无役不胜。又灭掉权国。他的嗣子文王始都于郢（即今湖北江陵）。在文王以前，楚已把汉水沿岸的诸姬姓国家剪灭殆尽。文王更把屏藩中原的三大重镇，申国、邓国和息国灭掉（息、邓皆河南今县，申即南阳）[①]，奠定了楚国经略中原的基础。中原的中枢是郑国。自从武王末年，郑人对楚已惴惴不安。文王的侵略的兵锋终于刺入郑国，但他没有得志于郑而死。他死后二十年间楚国再接再厉地四次伐郑。但这时齐国已兴起做它北进的第一个敌手了。

① 息为今河南息县，邓在今湖北襄阳市樊城区邓村，一说疆域到达今河南邓州市，申为今河南安阳市。

齐的兴起（附宋） 张荫麟

齐国原初的境土占今山东省的北部，南边以泰山山脉与鲁为界，东边除去胶东半岛。这半岛在商代已为半开化的莱夷的领域。太公初来，定都营丘（后名临淄，今仍之）的时候，莱夷就给他一个迎头痛击。此后莱夷和齐国的斗争不时续起，直到前567年齐人灭莱为止。灭莱是齐国史中一大事。不独此后齐国去了一方的边患，不独此后它的境土增加了原有的一半以上，而且此后它才成为真正的海国。以前它的海疆只有莱州湾的一半而已。

但远在灭莱之前，当春秋的开始，齐已强大。前706年，郑太子忽带兵助齐抵御北戎有功，齐侯要把女儿文姜嫁给他，他便以"齐大非吾偶"的理由谢绝。原来文姜和她的大哥即后日的齐襄公，有些暧昧的关系。她终于嫁了鲁桓公。有一次桓公跟她回娘家，居然看破并且说破了襄公与她之间的隐情。襄公老羞成怒，便命一个力士把桓公杀了。讲究周礼的鲁人，在齐国的积威之下，只能哀求襄公把罪名加给那奉命的凶手，拿来杀了，聊以遮羞。这时齐国的强横可以想见。此事发生后四年（前690年），襄公灭纪（在今山东寿光县[①]南，为周初所封与齐同姓国）。这是齐国兼并小国之始。襄公后来被公子无知所弑，无知僭位后，又被弑，齐国大乱。襄公有二弟：长的名纠，由管仲和召忽辅佐着；次的名小白，由鲍叔牙辅佐着。襄公即位，鲍叔看他的行为太不像样，知道国内迟早要闹乱子，便领着小白投奔莒国。乱起，管仲也领着公子纠逃往鲁国，纠的母亲原是鲁女。无知死后，鲁君便派兵护送公子纠回国，要扶立他。齐、鲁之间，本来没有好感，齐人对于鲁君的盛意十分怀疑，派兵挡驾。同时齐的巨室国、高二氏暗中差人去迎接小白。鲁君也虑及小白捷足先归，早就命管仲带兵截住莒、齐间的道路。小白后到，管仲瞄准他的心窝，一箭射去，正中目标，眼见他应弦仆倒。小白的死讯传到鲁国后，护送公子纠的军队在庆祝声中，越行越慢，及到齐境，则齐国已经有了新君，就是小白！原来管仲仅射中他的带钩，他灵机一动，装死躺下，安然归国。

小白即桓公，他胜利后，立即要求鲁人把公子纠杀了。召忽闻得公子纠死，便以身殉。管仲却依然活着。他同鲍叔本是知友，鲍叔向桓公力荐他。桓公听鲍叔的话，把国政托付给他，称他为“仲父”。此后桓公的事业全是管仲的谋划。桓公怎样灭谭、灭遂、灭项；怎样号召诸侯，开了十多次的冠裳盛会；怎样在尊王的题目下，操纵王室的内政，阻止惠王废置太子，而终于扶太子正位，这些现在都从略。他的救邢、救卫，以阻挡狄人的

① 寿光县：今山东省寿光市。

南侵，给诸夏造一大功德，前面已说过。现在单讲他霸业中的一大项目：南制荆楚。在前659年即当楚文王死后十八年，当齐国正忙着援救邢、卫的时候，楚人第三次攻郑。接着两年中，他们又两次攻郑，非迫到它和楚“亲善”不休。郑人此时却依靠着齐国。桓公自然不肯示弱。前657年，他联络妥了在楚国东北边，而可以牵制齐兵的江、黄二国。次年便率领齐、鲁、宋、陈、卫、郑、曹、许的八国联军，首先讨伐附楚的蔡国。蔡人望风溃散。这浩荡的大军，乘胜侵入楚境。楚人竟不敢应战，差人向齐军说和。桓公等见楚方无隙可乘，亦将就答应，在召陵（楚境，在今河南郾城县[①]东）的地方和楚国立了一个盟约而退。盟约的内容不可考，大约是楚国从郑缩手，承认齐对郑的霸权，但其后不久，周王因为易储的问题，怨恨桓公，怂恿郑国背齐附楚，许以王室和晋国的援助，郑人从之。于是附齐的诸侯伐郑，楚伐许以援郑，因诸侯救许而退。但许君经蔡侯的劝诱和恐吓，终于在蔡侯的引领之下，面缚衔璧，并使大夫穿丧服，士抬棺材，跟随在后，以降于楚。次年齐以大军伐郑，郑人杀其君以求和于齐。其后桓公之终世，郑隶属齐的势力范围。在这期间楚不能得志于北方，转而东向，灭弦（都今湖北蕲水西北），灭黄（都今河南潢川西）。齐人无如之何；继又讨伐附齐的徐戎，败之，齐与诸侯救徐，无功而退。

召陵之盟是桓公霸业的极峰。其后十二三年，管仲和桓公先

---

① 郾城县：今河南省漯河市郾城区。

后去世。管仲的功业在士大夫间留下很深的印象，他死了百余年后，孔子还赞叹着："微管仲，吾其被发左衽（做戎狄）矣！"到了战国时代，管仲竟成了政治改革的传说的箭垛；许多政治的理论和一切富国强兵的善策、奇策、谬策，都堆在他名下，这些理论和方策的总结构成现存《管子》书的主要部分。

桓公死后，五公子争位，齐国和诸夏同时失了重心。于是宋襄公摆着霸主的架子出场。他首先会合些诸侯，带兵入齐，给它立君定乱。这一着是成功了。接着，他拘执了滕君，威服了曹国，又逼令邾人把鄫君杀了祭社，希望借此服属与鄫不睦的东夷。接着他要求楚王分给他以领导诸侯霸权，楚王是口头答应了。他便兴高采烈地大会诸侯。就在这会中，楚王的伏兵一起，他从坛坫上的盟主变作阶下之囚徒。接着他的囚车追陪楚君临到宋境。幸而宋国有备，楚王姑且把他放归。从此他很可以放下霸主的架子了，可是不然。自从桓公死后，郑即附楚，郑君并且亲朝于楚。于是襄公伐郑。他的大军和楚的救兵在泓水上相遇。是时楚人涉渡未毕，宋方的大司马劝襄公正好迎击，他说不行。一会，楚人都登陆，却还没整队，大司马又劝他进击，他说，还是不行。等到楚人把阵摆好，他的良心才容许他下进攻令。结果，宋军大败；他伤了腿，后来因此致死。死前他还大发议论道："君子临阵，不在伤上加伤，不捉头发斑白的老者；古人用兵，不靠险阻。寡人虽是亡国之余，怎能向未成列的敌人鸣鼓进攻呢？"桓公死后十年间，卫灭邢，邾灭须句，秦灭芮、梁，楚灭夔。

晋楚争霸 张荫麟

桓公的霸业是靠本来强盛的齐国做基础的。当他称霸的时代，晋国和秦国先后又在缔构强国的规模，晋国在准备一个接替桓公的霸主降临，秦国在给未来比霸业更宏大的事业铺路。话分两头，先讲晋国。

晋始封时都于唐（今太原县[1]北），在汾水的上游；其后至迟过了三个半世纪，已迁都绛（今翼城县），在汾水的下游。晋人开拓的路径是很明显的。不过迁绛后许久他们还未曾占有汾水流域的全部，当汾水的中游还梗着一个与晋同姓的霍国，当汾水将近入河的地方还碍着一个也与晋同姓的耿国，前745年晋君把绛都西南百多里外的曲沃，分给他的兄弟，建立了一个强宗。此后晋国实际分裂为二。曲沃越来越盛，晋国越来越衰，它们间的仇隙也越来越大。这对抗的局面终结于前679年曲沃武公灭晋并且拿所得的宝器向周王买取正式的册封。老髦的武公，受封后两年，便一瞑不视，遗下新拼合的大国给他的儿子献公去粘缀、镶补。

---

① 太原县：今属山西省太原市晋源区。

献公即位于齐桓公十年（前676年），死于桓公三十五年。他二十六年的统治给晋国换一副面目。他重新修筑了绛都的城郭，把武公的一军扩充为二军。他灭霍、灭耿、灭魏、灭虞、灭虢，使晋国的境土不独包括了整个的汾水流域，并且远跖到大河以南。但献公最重要的事业还不止此。却说武公灭晋后，自然把他的公族尽力芟锄，免遗后患。我们可以想象晋国这番复合之后，它的氏室必定灭了许多，但在曲沃一方，自从始封以来，公子公孙们新立的氏室为数也不少。献公即位不久，便设法收拾他们。他第一步挑拨其中较穷的，使与"富子"为仇，然后利用前者去打倒后者。第二步，他让残余的宗子同住一邑，好意地给他们营宫室，筑城郭；最后更好意地派大兵去保卫他们，结果，他们的性命都不保。于是晋国的公族只剩下献公的一些儿子。及献公死，诸子争立。胜利者鉴于前车，也顾不得什么父子之情，把所有长成而没有继位资格的公子都遣派到各外国居住，此后的一长期中，公子居外，沿为定例。在这种制度之下，遇着君死而太子未定，或君死而太子幼弱的当儿，君权自然失落在异姓的卿大夫手里。失落容易，收复却难。这种制度的成立便是日后"六卿专晋""三家分晋"的预兆。话说回来，献公夷灭群宗后，晋国的力量一时集中在公室；加以他凭借"险而多马"的晋土，整军经武，兼弱攻昧，已积贮了向外争霸的潜能。可惜他晚年沉迷女色，不大振作，又废嫡立庶，酿成身后一场大乱，继他的儿孙又都是下等材料。晋国的霸业还要留待他和狄女所生的公子重耳，就是那在外漂流十九年，周历八国，备尝艰难险阻，到六十多岁才得位的晋文公。

文公即位时，宋襄公已经死了两年。宋人又与楚国“提携”起来，其他郑、鲁、卫、曹、许等国，更不用说了。当初文公漂流过宋时，仁慈的襄公曾送过他二十乘马。文公即位后，对宋国未免有情。宋人又眼见他归国两年间，内结民心，消弭反侧；外联强秦，给王室戡定叛乱，觉得他大可倚靠，便背楚从晋。楚率陈、蔡、郑、许的兵来讨，宋人向晋求救。文公和一班患难相从的文武老臣筹商了以后，便把晋国旧有的二军更扩充为三军，练兵选将，预备“报施救患，取威定霸”。他先向附楚的国曹、卫进攻，占据了他们的都城；把他们的田分给宋国；一面叫宋人赂取齐、秦的救援。虽是著名“刚而无礼”的楚帅子玉，也知道文公是不好惹的，先派人向晋军说和，情愿退出宋境，只要晋军同时也退出曹、卫。文公却一面私许恢复曹、卫，让他们宣告与楚国绝交；一面把楚国的来使拘留。这一来把子玉的怒火点着了。于是前632年，即齐桓公死后十一年，楚、陈、蔡的联军与晋、宋、齐、秦的联军大战于城濮（卫地）。就在这一战中，楚人北指的兵锋初次被挫，文公成就了凌驾齐桓的威名，晋国肇始它和楚国八十多年乍断乍续的争斗。

这八十多年的国际政治史表面虽很混乱，却有它井然的条理，是一种格局的循环。起先晋楚两强，来一场大战；甲胜，则若干以前附乙的小国自动或被动地转而附甲；乙不肯干休，和它们算账；从了乙，甲又不肯干休，又和它们算账，这种账算来算去，越算越不清，终于两强作直接的总算账，又来一场大战。这可以叫作“晋、楚争霸的公式”。晋、楚争取小国的归附就是争取军事的和经济的势力范围。因为被控制的小国对于所归附的霸国大抵有两种义务：（一）是当它需要时，出定额的兵车助它征伐。此事史无明文，但我们从以下二事可以类推：（1）齐国对鲁国某次所提出的盟约道：“齐师出境而不以甲车三百乘从我者，有如此盟！”（2）其后吴国称霸，鲁对它供应军赋车六百乘，邾三百乘。（二）是以纳贡或纳币的形式对霸国作经济上的供应（贡是定期的进献，币是朝会庆吊的贽礼）。此事史亦无明文，但我们从以下三事可以推知：（1）楚人灭黄的借口是它“不归楚贡”。（2）前548年晋执政赵文子令减轻诸侯的币，而加重待诸侯的礼；他就预料兵祸可以从此稍息。（3）前530年郑往晋吊丧，带去作贽礼的币用一百辆车输运，一千人押送。后来使人不得觐见的机会，那一千人的旅费就把带去的币用光！当周室全盛时，诸侯对于天王所尽的义务也不过如上说的两事。可见霸主即是有实无名的小天王，而同时正式的天王却变成有名无实了。

在晋、楚争霸的公式的复演中，战事的频数和剧烈迥非齐桓、宋襄的时代可比，而且与日俱甚。城濮之战后三十五年，晋师救郑，与楚师遇，而有邲（郑地）之战，楚胜；又二十二年，楚师救郑，与晋师遇，而有鄢陵（郑地）之战，晋胜；又十八年，晋伐楚以报楚之侵宋（先是楚侵宋以报晋之取郑），而有湛阪（楚地）之战，晋胜。但这四次的大战只是连绵的兵祸的点逗。在这八十余年间，楚灭江、六、蓼、庸、萧（萧后入于宋）及群舒；晋灭群狄，又灭偪阳以与宋；齐灭莱；秦灭滑（滑后入于晋）；鲁灭邾；莒灭鄫（鄫后入于鲁）。在这期间，郑国为自卫，为霸主的命令，及为侵略而参加的争战在七十二次以上。宋国同项的次数在四十六以上。其他小国可以类推。兵祸的惨酷，可以从两例概见：（一）前597年，正当邲战之前，楚人在讨叛的名目下，围攻郑都。被围了十七天后，郑人不支，想求和，龟兆却不赞成；只有集众在太庙哀哭，并且每巷备定一辆车，等候迁徙，这一着却是龟兆所赞成的。当民众在太庙哀哭时，守着城头的兵士也应声大哭。楚人都被哭软了，不禁暂时解围。郑人把城修好，楚兵又来，再围了三个月，终于把城攻破，郑君只得袒着身子，牵着一只象征驯服的羊去迎接楚王。（二）过了两年，厄运轮到宋人头上。楚王派人出使齐国，故意令他经过宋国时，不向宋人假道。宋华元说：经过我国而不来假道，就是把我国看作属地，把我国看作属地就是要亡我国；若杀了楚使，楚人必来侵伐，来侵伐也是要亡我国；均之是亡，宁可保全自己的尊严。于是宋杀楚使。果然不久楚国问罪的大军来到宋都城下，晋国答应的救兵只是画饼。九个月的包围弄到城内的居民“易子而食，析骸以炊”；楚人还在城外盖起房舍，表示要久留。但宋人宁可死到净尽，不肯作耻辱的屈服。幸亏华元深夜偷入楚营，乘敌帅子反的不备，挥着利刃，迫得他立誓，把楚军撤退三十里，和宋国议和，这回恶斗才得解决。

像这类悲惨事件所构成的争霸史却怎样了结？难道它就照一定的公式永远循环下去吗？难道人类共有的恻隐心竟不能推使一个有力者，稍作超国界的打算吗？前579年，尝透了战争滋味的华元开始作和平运动。这时他同晋、楚的执政者都很要好；由他的极力拉拢，两强订立了下面的盟约：

> 凡晋、楚无相加戎，好恶同之，同恤菑危，备救凶患。若有害楚，则晋伐之；在晋，楚亦如之。交贽往来，道路无壅。谋其不协，而讨不庭（不来朝的）。有渝此盟，明神殛之；俾队（坠）其师，无克胙国。

这简直兼有现在所谓“互不侵犯条约”和“攻守同盟”了。但这“交浅言深”的盟约，才侥幸保证了三年的和平，楚国便一手把它撕破，向晋方的郑国用兵；次年便发生鄢陵的大战。

争霸的公式再循环了一次之后，和平运动又起。这回的主角向戌也是宋国的名大夫，也和晋、楚的执政者都有交情的。但他愿望和福气都比华元大。前546年，他在宋都召集了一个十四国的“弭兵”大会。兵要怎样弭法，向戌却是茫然的。这个会也许仅只成就一番趋跄揖让的虚文，若不是楚国的代表令尹子木提出一个踏实的办法：让本未附从晋或楚的国家以后对晋、楚尽同样的义务。用现在的话说，这就是“机会均等”“门户开放”的办法。子木的建议经过两次的小修正后到底被采纳了。第一次的修正是在晋、楚的附从国当中把齐、秦除外，因为这时亲晋的齐和亲楚的秦都不是好惹的。第二次的修正又把邾、滕除外。因为齐要把邾、宋要把滕划入自己的势力范围。四国除外，所以参加盟约的只有楚、晋、宋、鲁、郑、卫、曹、许、陈、蔡十国。

在这次盟会中晋国是大大地让步了。不独它任由楚人自居盟主；不独它任由楚人“衷甲”赴会，没一声抗议；而那盟约的本身就是楚国的胜利；因为拿去交换门户开放的，晋方有郑、卫、曹、宋、鲁五国，而楚方则只有陈、蔡、许三国。但晋国的让步还有更大的。十二年后，楚国又践踏着这盟约，把陈国灭了（五年后又把它复立，至前478年终灭之），晋人只装作不知。弭兵之会后不久，晋人索性从争霸场中退出了。晋国的“虎头蛇尾”是有苦衷的。此会之前，晋国已交入一个蜕变的时期。在这时期中，它的主权从公室移到越来越少的氏室，直至它裂为三国才止。在这蜕变的时期中，它只有蛰伏不动。但楚国且慢高兴，当它灭陈的时候，新近暴发的吴国已蹑在它脚后了。

吴越代兴 张荫麟

自泰伯君吴后，十九世而至寿梦。中间吴国的历史全是空白。寿梦时，吴国起了一大变化。这变化的起源，说来很长。前617年，即城濮之战后十五年，陈国有夏徵舒之乱。徵舒的母亲夏姬有一天同陈灵公和两位大夫在家里喝酒。灵公指着徵舒对一位大夫说道："徵舒像你。"那位大夫答道："也像你。"酒后徵舒从马厩里暗箭把灵公射死。陈国大乱。楚庄王率兵入陈定乱，杀了徵舒，俘了夏姬回来，打算把她收在宫里。申公巫臣说了一大番道理把他劝阻了。有一位贵族子反想要她，巫臣又说了一大番道理把他劝阻了。后来夏姬落在连尹襄老之手。邲之战，襄老战死，他的儿子又和她有染。巫臣却遣人和她通意，要娶她，并教她借故离楚；而设法把她安顿在郑。夏姬去后不久，巫臣抓着出使齐国的机会。他行到郑国，便叫从人把所赍的"币"带回去，而自己携着夏姬投奔晋国。子反失掉夏姬，怀恨巫臣。又先时另一位贵族要求赏田，为巫臣所阻，亦怀恨他。二人联合，尽杀巫臣的家族，而瓜分他的财产。巫臣由晋致书二人，誓必使他们"疲于奔命以死"。于是向晋献联吴制楚之策。他亲自出使于吴，大为寿梦所欢迎。吴以前原是服属于楚的，他教寿梦叛楚。他从晋国带来了一队兵车，教吴人射御和车战之术。吴本江湖之国，习于水战而不习于陆战。但从水道与楚争，则楚居长江的上游而吴居其下游，在当时交通技术的限制之下，逆流而进，远不如顺流而下的利便，故吴无法胜楚。但自从吴人学得车战后，形势便大变了。他们从此可以舍舟而陆，从淮南江北间拊楚之背。从此楚的东北境无宁日。楚在这一方面先后筑了钟离、巢及州来三城（皆在今安徽境，州来在寿县，巢在庐州[①]，钟离在临淮吴镇）以御吴。吴于公元前519年取州来。其后七年间以次取巢取钟离并灭徐。前506年，即向戌弭兵之会后四十年，吴王阖闾大举伐楚。吴军由蔡人引导，从现今的寿县、历光、黄，经义阳三关，进至汉水北岸，乃收军；楚军追战至麻城（时称柏举）大溃。吴师继历五战，皆胜，遂攻入郢都。楚昭王逃奔于随。这次吴人悬军深入，饱掠之后，不能不退，但楚国却受到空前的深痛巨创了。昭王复国后，把国都北迁于鄀，是为鄢郢，即今湖北宜城。

像晋联吴制楚，楚亦联越制吴。

在周代的东南诸外族中，越受诸夏化最晚。直至战国时，中国人在寓言中提到越人，还说他们“断发文身”，说他们“徒跣”不履；又有些学者说越“民愚疾而垢”是因为“越之水重浊而洎”。此时越人的僿野可想。越人的语言与诸夏绝不相通。现在还保存着前5世纪中叶一首用华字记音的越歌和它的华译。兹并

---

① 庐州：合肥市古称庐州。

录如下，以资比较。

越歌	华译
滥兮抃草滥予昌枑泽予昌州州𩜱州焉乎秦胥胥缦予乎昭澶秦逾渗惿随河湖（句读已佚）	今夕何夕兮，搴洲中流？今日何日兮，得与王子同舟？蒙羞被好兮，不訾诟耻。心几烦而不绝兮，知得王子。山有木兮木有枝，心悦君兮君不知。

越人在公元前537年以前的历史除了关于越王室起源的传说外，全是空白。是年越人开始随楚人伐吴。其后吴师入郢，越人即乘虚袭其后。入郢之后十年，吴王阖闾与越王勾践战于檇李（今嘉兴），大败，受伤而死。其子夫差于继位后三年（前494年）大举报仇，勾践败到只剩甲楯五千，退保会稽（今绍兴），使人向夫差卑辞乞和，情愿称臣归属。此时有人力劝夫差趁势灭越。夫差却许越和。大约一来他心软，二来他认定越再无能为，而急于北进与诸夏争霸，不愿再向南荒用兵了。在此后十二年间，夫差忙于伐陈伐鲁，筑城于邗（即今扬州），凿运河连接江淮，从陆路又从海道（吴以舟师从海道伐齐为我国航海事见于记载之始）伐齐，和朝会北方诸侯；而勾践则一方面向夫差献殷勤，向他的亲信大臣送贿赂，一方面在国内奖励生育（令壮者不得娶老妇，老者不得娶壮妻；女子十七不嫁，男子二十不娶，其父母有罪），并给人民以军事训练。前482年，夫差既两败齐国，大会诸侯于黄池。他要学齐桓、晋文的先例，自居盟主。临到会盟的一天，晋人见他神色异常的不佳，料定他国内有变，坚持不

肯屈居吴下，一直争执到天黑。结果他不得不把盟主的地位让给晋国。原来他已经秘密接到本国首都（吴原都句吴，在今无锡东南，至夫差始迁于姑苏，即今苏州）被越人攻陷的消息了。夫差自黄池扫兴而归后，与越人屡战屡败。前473年，吴亡于越，夫差自杀。勾践踏着夫差的路径北进，大会诸侯于徐州（据顾栋高考，此徐州在今山东滕县，非江苏之徐州），周王亦使人来“致胙”。后又迁都于琅琊（越本都会稽，即今绍兴。至勾践前一代迁诸暨），筑起一座周围七里的观台，以望东海。这时越已拓地至山东，与郑、鲁为界了。

勾践死于前465年，又六十三年而晋国正式分裂为三，那是战国时代的开始。在这中间，越灭滕（后恢复），灭郯；楚则灭蔡、灭杞、灭莒，亦拓地至山东境（莒后入于齐）。

秦的变法 张荫麟

秦的发祥地在渭水上游的秦川的东岸（今甘肃天水县[①]境），周孝王时，嬴姓的非子因替王室养马蕃息的功劳，受封在这里，建立了一个近畿的“附庸”。宣王时，秦庄公以讨伐犬戎有功受命为西垂大夫。及平王东迁，秦襄公带兵去扈卫，平王感念他的殷勤，才把他升在诸侯之列。这时畿内的丰岐一带已沦入犬戎，平王索性更做一个不用破费的人情，把这一带地方许给了秦，假如它能将犬戎驱逐。此后秦人渐渐地东向开拓，到了穆公的时代，更加猛进。穆公是春秋的霸主之一。他曾俘获了晋惠公，拿来换取晋国的河西地方；又灭梁、灭芮，都是黄河西岸与晋邻近的小国。他又潜师远出，希图灭郑，若不是郑商人弦高把噩耗发现得早，向祖国报讯得快，秦的铁手此时也许便伸入中原了。秦的东侵是晋的大忌。秦师这次由郑旋归，晋人也顾不得文公新丧，墨绖兴兵，把他们拦路截击，杀个惨败。后来穆公虽报了此仇，他东向的出路到底给晋人用全力扼住了。他只得回过头去

① 天水县：今甘肃省天水市。

“霸西戎”，结果，“兼国十二，开地千里”。穆公死时（前621年），秦人已占有渭水流域的大部分，已奠定一个头等国的基础。但此后二百多年间，秦的内部停滞不进，而晋始终保持着霸国的地位，继续把秦人东出的路堵住。

当战国开场的前后，秦在“七雄”中算是最不雄的一国。自前428年以降，四十多年间，它的政治出了常轨，大权落在乱臣手中。在这时期中，它有一个君主被迫自杀，一个太子被拒不得继位，另一个君主和母后一同被弑，沉尸深渊。魏人乘秦内乱，屡相侵伐，并且夺回穆公所得到的河西地方。

穆公的霸图的追续是自献公始。他即位的次年（前383年）便把国都从雍（今陕西凤翔县①）东迁到栎阳（今陕西临潼县②东北）。他恢复君权，整饬军旅，两败魏师。但秦国更基本的改革，更长足的进展，还要等待继他位的少年新君孝公和一个来自卫国的贵族少年公孙鞅。

公孙鞅原先游仕在魏。传说魏相公叔痤病到要死时，魏君（即日后的惠王）请他举荐继任的人，他便以卫鞅对。魏君默然不语。公叔痤更嘱咐道：若不用这人，必得设法把他杀掉，勿令出境。魏君答应去后，公叔痤立即唤叫卫鞅前来，把刚才的谈话告诉了他，劝他快走。他不慌不忙答道：魏君不能听你的话用我，又怎能听你的话杀我呢？后来闻得孝公即位，下令求贤，他才挟着李悝的《法经》，走去秦国。

① 凤翔县：今陕西省宝鸡市凤翔区。
② 临潼县：今陕西省西安市临潼区。

前359年（孝公三年），孝公用卫鞅计颁布第一次的变法令。这令的内容包括两方面：（一）是刑法的加严加密。人民以十家或五家为一组，若一家犯法，其他同组诸家得连同告发，知情不举的腰斩；告发本组以外奸恶的与斩敌首同赏，藏匿奸人的与降敌同罚。（二）是富强的新策。凡不做耕织的游民收为公家的奴隶，努力耕织多致粟帛的人民免除徭役；家有两男以上不分居的纳加倍的人口税，私相殴斗的分轻重惩罚；非有军功的人不得受爵；服饰、居室和私有的田土奴婢的限度，按爵级区别，因此没有军功的人虽富也不得享受。这新法施行十年后，秦国家给人足，盗贼绝踪，百姓从诅咒转而歌颂。这新法的成效更表现在卫鞅的武功，前352年，他亲自领兵征魏，把魏的旧都安邑也攻破了。此役后二年，卫鞅又发动第二步的改革：把国都迁到渭水边的咸阳，在那里重新筑起宏伟的城阙和宫殿；统一全国的度量衡；把全国的城邑和村落归并为三十一县，每县设县令、丞（正副县长）；把旧日封区的疆界一概铲平，让人民自由占耕未垦辟的土地，让国家对人民直接计田征税。第二步改革完成后，卫鞅于前340年又领兵征魏，把魏将公子卬也虏了回来。于是孝公封卫鞅于商，为商君，后人因此称他为商鞅。但他的末日也快到了。先时第一次变法令公布后，人人观望怀疑。适值太子犯法。卫鞅便拿他做一个榜样，把他的师傅公子虔黥了。后来公子虔自己犯法，又给卫鞅劓了。前338年孝公死，太子继位后的第一件大事便是把商鞅族诛。但商鞅的政策却继续被采用。

秦地本是戎狄之区。西周的京畿虽建在其上，文明的透入始终不深，好比一件锦衣覆着褴褛。周室东迁后，锦衣一去，便褴褛依然。直至孝公变法时，秦人还不脱戎狄之俗。例如他们还父兄子弟和姑媳妯娌同寝一室，这大约是沿着游牧时代以一个帐幕为一家的经济办法。这种陋俗经商鞅的严禁才消灭。又例如秦国道地的音乐，直至战国晚年，还是“击瓮叩缶，弹筝搏髀，而歌呼呜呜”。没有受文明的雅化，也就没有受文明的软化。在六国中秦人是最犷野矫健的。商鞅的严刑峻法给他们养成循规蹈矩的习惯，商鞅的特殊爵赏制度使得对外战争，成了他们唯一的出路。以最强悍、最有纪律的民族，用全力向外发展，秦人遂无敌于天下。

商鞅死后约莫七八十年，赵国的大儒荀卿游秦。据他所记，这时商鞅变法的成绩还历历可见。荀卿说：

> （秦之）国塞险，形势便，山林川谷美，天材之利多，是形胜也。入境观其风俗：其百姓朴，其声乐不流（淫荡）汙（猥亵），其服不挑（佻），甚畏有司而顺。……及都邑官府：其百吏肃然，莫不恭俭、敦敬、忠信。……入其国（首都），观其士大夫，……不比周，不朋党，倜然莫不明通而公也。……观其朝廷，其朝（早）间听决，百事不留，恬然如无治者。

荀卿的弟子韩非也说：

> 今（六国）言赏则不与，言罚则不行。赏罚不信，故士

民不死也。今秦出号令而行赏罚，有功无功，相事也。……是故秦战未尝不克，攻未尝不取，所当未尝不破。

信赏必罚正是商鞅的政术。

荀卿又曾比较齐、魏和秦的强兵政策道：

齐人隆技击。……得一首者则赐赎锱（八两）金，无本赏矣（本赏大约是指战胜攻取之赏）。是事小，敌毳（脆），则偷可用也；事大，敌坚，则涣然离耳。……是亡国之兵也。……魏氏之武卒，以度取之（按一定标准挑选）：衣三属（层）之甲，操十二石之弩，负服矢五十个，置戈其上，冠轴（胄）带剑，赢（背）三日之粮，日中而趋百里。中试则复其户（免除赋役），利其田宅（给以好田宅）。是数年而衰，而未可夺也（合格的武卒，几年后便衰弱不可用。但其特权却不能剥夺）。……是故地虽大，其税必寡，是危国之兵也。秦人，其生民也狭厄（给人民的生路狭隘），其使民也酷烈。……忸（狃）之以庆赏，鰌（蹭）之以刑罚，使……民所以要利于上者，非斗无由也。厄（压迫）而用之，得而后功之（胜利才算功，不但计首级），功赏相长也。……故齐之技击，不可以遇魏氏之武卒；魏氏之武卒，不可以遇秦之锐士。

所说齐魏的兵制，不知创行于何时，所说秦国的兵制正是商鞅所创的。

封建国家的建立与巩固

——秦、汉大一统

1937—1946

六国混一 张荫麟

嬴政既打倒了吕不韦，收揽了秦国的大权，便开始图谋六国。这时，六国早已各自消失了单独抗秦的力量。不过它们的合纵还足以祸秦。嬴政即位的第六年，秦国还吃了三晋和卫、楚的联军一次亏，当时大梁人尉缭也看到的，假如六国的君主稍有智慧，嬴政一不小心，会遭遇智伯、夫差和齐湣王的命运也未可知。但尉缭不见用于祖国，走到咸阳，劝嬴政道："愿大王不要爱惜财物，派人贿赂列国的大臣，来破坏他们本国的计谋，不过花三十万金，六王可以尽虏。"嬴政果然采纳了这策略。此后六国果然再不费一矢相助而静待嬴政逐个解决。

首先对秦屈服，希望以屈服代替牺牲，而首先受牺牲的是韩。秦王政十四年，韩王安为李斯所诱，对秦献玺称臣，并献南阳地。十七年秦的南阳守将举兵入新郑，虏韩王，灭其国。李斯赴韩之前，韩王派了著名的公子韩非入秦，谋纾国难，嬴政留非，想重用他。但不久听了李斯和另一位大臣的谗言，又把他下狱。口吃的韩非有冤没处诉，终于给李斯毒死在狱中。

韩亡后九年之间，嬴政以迅雷烈风的力量，一意东征，先后把其余的五国灭了。这五国的君主，连够得上说抵抗的招架也没有，鸡犬似的一一被缚到咸阳。只有侠士荆轲，曾替燕国演过一出壮烈的悲剧。

秦王政十九年，赵国既灭，他亲到邯郸，活埋了所有旧时母家的仇人；次年回到咸阳，有燕国使臣荆轲卑辞求觐，说要进献秦国逃将樊於期的首级和燕国最膏腴的地域督亢的地图。献图的意思就是要纳地。秦王大喜，穿上朝服，排起仪仗，立即传见。荆轲捧着头函，副使秦舞阳捧着地图匣以次上殿。秦舞阳忽然股栗色变，廷臣惊怪，荆轲笑瞧了舞阳，上前解释道："北番蛮夷的鄙人，未曾见过天子，所以惶恐失措，伏望大王包容，俾得完成使事。"秦王索阅地图，荆轲取了呈上。地图展到尽处，匕首出现！荆轲左手把着秦王的袖，右手抢过匕首，就猛力刺去，但没有刺到身上，秦王已断袖走开。秦王拔剑，但剑长鞘紧，急猝拔不出，荆轲追他，两人绕柱而走。秦廷的规矩，殿上侍从的人，不许带兵器，殿下的卫士，非奉旨不许上殿。秦王忙乱中没有想到殿下的卫士，殿上的文臣哪里是荆轲的敌手。秦王失了魂似的只是绕着柱走。最后，侍臣们大声提醒了他，把剑从背后顺力拔出，砍断了荆轲的左腿。荆轲便将匕首向他掷去，不中，中铜柱。这匕首是用毒药炼过的，微伤可以致命。荆轲受了八创，已知绝望，倚柱狂笑，笑了又骂，结果被肢解了。

风萧萧兮易水寒，壮士一去兮不复还！

这是荆轲离开燕国之前，在易水边的别筵上，当着满座白衣冠的送客，最后唱的歌，也可以做他的挽歌。

荆轲死后六年（前221年），当秦王政在位的第二十六年而六国尽灭。于是秦王政以一道冠冕堂皇的诏令，收结五个半世纪的混战局面，同时宣告新帝国的成立。那诏书道：

> ……异日韩王纳地效玺，请为藩臣。寡人以为善，庶几息兵革。已而倍约，与赵、魏合从畔秦，故兴兵诛之，虏其王。赵王使其相李牧来约盟，故归其质子。已而倍盟，反我太原，故兴兵诛之，得其王。赵公子嘉乃自立为代王，故举兵击灭之。魏王始约服入秦，已而与韩、赵谋袭秦，秦兵吏诛，遂破之。荆王献青阳以西，已而畔约，击我南郡，故发兵诛，得其王，遂定其荆地。燕王昏乱，其太子丹乃阴令荆轲为贼，兵吏诛，灭其国。齐王用后胜计，绝秦使，欲为乱，兵吏诛，虏其王，平齐地。

所有六国的罪状，除燕国的外，都是制造的。诏书继续说道：

> 寡人以眇眇之身，兴兵诛暴乱，赖宗庙之灵，六王咸伏其辜，天下大定。今名号不更，无以称成功，传后世。其议帝号……

在睥睨古今、踌躇满志之余，嬴政觉得一切旧有的君主称号都不适用了。

战国以前，人主最高的尊号是王，天神最高的尊号是帝。自从诸侯称王后，王已失了最高的地位，于是把帝拉下来代替，而别以本有光大之义的“皇”字称最高的天神。但自从东西帝之议起，帝在人间，又失去最高的地位了。很自然的办法，是把“皇”字挪下来。秦国的神话里有天皇、地皇、泰皇，而泰皇为最贵。于是李斯等上尊号作泰皇。但嬴政不喜欢这旧套，把“泰”字除去，添上“帝”字，合成“皇帝”；又废除周代通行的谥法（于君主死后，按其行为，追加名号，有褒有贬的），自称为“始皇帝”，预定后世计数为二世皇帝、三世皇帝，“至于万世，传之无穷”。

同时始皇又接受了邹衍的学说，以为周属火德，秦代周，应当属克火的水德；因为五色中和水相配的是黑色，于是把礼服和旌旗皆用黑色；又因为四时中和水相配的是冬季，而冬季始自十月，于是改以十月为岁首。邹衍是相信政治的精神也随着五德而转移的。他的一些信徒认为与水德相配的政治应当是猛烈苛刻的政治，这正中始皇的心怀。

新帝国的经营 张荫麟

秦自变法以来，侵略所得的土地，大抵直隶君主，大的置郡，小的置县，郡县的长官都非世职，也无世禄。始皇沿着成例，每灭一国，便分置若干郡。而秦变法以来新设的少数封区，自从嫪毐和吕不韦的诛窜已完全消灭，既吞并了六国，秦遂成为一个纯粹郡县式的大帝国。当这帝国成立之初，丞相绾主张仿周朝的办法于燕、齐、楚等僻远的地方，分封皇子，以便镇慑，但他的提议给李斯打消了。于是始皇分全国为三十六郡，每郡置守，掌民政；置尉，掌兵事；置监御史，掌监察。这种制度是仿效中央政府的。当时朝里掌民政的最高官吏有丞相，掌兵事的最高官吏有太尉，掌监察的最高官吏有御史大夫。

这三十六郡的名称和地位是现今史家还没完全解决的问题。大概地说，秦在开国初的境域，北边包括今辽宁的南部，河北、山西及绥远[①]、宁夏两省的南部；西边包括甘肃和四川两省的大部分；南边包括湖南、江西和福建；东以福建至辽东的海岸为界。从前臣

① 绥远：原省级行政区，后撤销，包括内蒙古自治区中部、南部地区。

服于燕的朝鲜，也成为秦的藩属。此外西北和西南边外的蛮夷君长称臣于秦的还不少。我们试回想姬周帝国初建时，西则邦畿之外，便是边陲，南则巴蜀、吴、楚皆属化外，沿海则有徐戎、淮夷、莱夷盘踞，北则燕、晋已与戎狄杂处；而在这范围里，除了“邦畿千里”外，至少分立了一百三十以上的小国。我们拿这种情形和三十六郡一统的嬴秦帝国比较，便知道过去八九百年间，诸夏民族地盘的扩张和政治组织的进步了。峄山的始皇纪功石刻里说：

> 追念乱世，分土建邦，以开争理。攻战日作，流血于野。自泰古始，世无万数，陁及五帝，莫能禁止。乃今皇帝，壹家天下，兵不复起。灾害灭除，黔首康定，利泽长久。

这些话一点也没有过火。

在这幅员和组织都是空前的大帝国里，怎样永久维持皇室的统治权力，这是始皇灭六国后面对着的空前大问题，且看他如何解答。

帝国成立之初，始皇令全国“大酺”来庆祝（秦法平时是禁三人以上聚饮的）。当众人还在醉梦的时候，他突然宣布没收民间一切的兵器。没收所得，运到咸阳，铸成无数大钟和十二个各重一千石以上的“金人”，放在宫廷里。接着他又把全国最豪富的家族共十二万户强迫迁到咸阳，放在中央的监视之下。没有兵器，又没有钱财，人民怎能够作得起大乱来？

次年，始皇开始一件空前的大工程：建筑脉通全国的“驰道”，分两条干线，皆从咸阳出发，其一东达燕、齐，其一南达吴、楚。道宽五十步，道旁每隔三丈种一株青松，路身筑得坚而且厚，遇着容易崩坏的地段，并且打下铜桩。这宏大的工程，乃是始皇的军事计划的一部分。他灭六国后防死灰复燃，当然不让各国余剩的军队留存。但偌大的疆土若把秦国原有的军队处处分派驻守，则分不胜分。而且若分得薄，一旦事变猝起，还是不够应付；若分得厚，浸假会造成外重内轻的局面。始皇不但不肯采用重兵驻防的政策，并且把旧有六国的边城，除燕、赵北边的外，统统拆毁了。他让秦国原有的军队，依旧集中在秦国的本部，少数的地方兵只是警察的性质。驰道的建筑，为的是任何地方若有叛乱，中央军可以迅速赶到去平定。历来创业之主的军事布置没有比始皇更精明的了。（1896年李鸿章聘使欧洲，过德国，问军事于俾斯麦，他的劝告有云：“练兵更有一事须知：一国的军队不必分驻，宜驻中权，扼要地，无论何时何地，有需兵力，闻令即行，但行军的道路，当首先筹及。”这正是秦始皇所采的政策。）

武力的统治不够，还要加上文化的统治；物质的缴械不够，还要加上思想的缴械。始皇三十四年（始皇即帝位后不改元，其纪年通即王位以来计），韩非的愚民政策终于实现。先是始皇的朝廷里，养了七十多个儒生和学者，叫作博士。有一次某博士奉承了始皇一篇颂赞的大文章，始皇读了甚为高兴，另一位博士却上书责备作者的阿谀，并且是古非今地对于郡县制度有所批评。始皇征问李斯的意见。李斯复奏道：

古者天下散乱，莫之能一。是以诸侯并作，语皆道古以害今，饰虚言以乱实，人善其所私学，以非上之所建立。今陛下并有天下，别白黑而定一尊。而私学乃相与非法教之制，闻令下，即各以其私学议之，入则心非，出则巷议，非主以为名，异趣以为高，率群下以造谤。如此不禁，则主势降乎上，党与成乎下。禁之便。臣请诸有文学《诗》《书》百家语者，蠲除去之。令到，满三十日弗去，黥为城旦（城旦者，旦起行治城，四岁刑）。所不去者，医药、卜筮、种树之书。若有欲学者，以吏为师。

始皇轻轻地在奏牍上批了一个“可”字，便造成了千古叹恨的文化浩劫。

以上讲的是始皇内防反侧的办法。现在再看他外除边患的努力。

自从战国中期以来，为燕、赵、秦三国北方边患的有两个游牧民族，东胡和匈奴——总名为胡。东胡出没于今河北的北边和辽宁、热河一带，受它寇略的是燕、赵。匈奴出没于今察哈尔[①]、绥远和山西、陕、甘的北边一带，燕、赵、秦并受它寇略。这两个民族，各包涵若干散漫的部落，还没有统一的政治组织。它们在战国中期以前的历史十分茫昧。它们和春秋时代各种各色的戎狄似是同一族类，但是否这些戎狄中某些部分的后身，否则和各种戎狄

① 察哈尔：原省级行政区，后撤销，划归河北省、山西省、内蒙古自治区和北京市。

间的亲谊是怎样，现在都无从稽考了。现在所知道秦以前的胡夏的关系史只有三个攘胡的人物的活动。第一个是和楚怀王同时的赵武灵王。他首先采用胡人的特长，来制胡人；首先脱却长裙拖地的国装，而穿上短衣露袴的胡服，以便学习骑战。他领着新练的劲旅，向沿边的匈奴部落进攻，把国土向西北拓展；在新边界上，筑了一道长城，从察哈尔的蔚县东北（代）至河套的西北角外（高阙）；并且沿边设了代、雁门和云中三郡。第二个攘胡的英雄是秦舞阳（随荆轲入秦的副使）的祖父秦开。他曾被“质”在东胡，甚得胡人的信任。归燕国后，他率兵袭击东胡，把他们驱逐到一千多里外。这时大约是乐毅破齐前后。接着燕国也在新边界上筑一道长城，从察哈尔宣化东北（造阳）至辽宁辽阳县北（襄平）；并且沿边设了上谷、渔阳、右北平、辽西和辽东五郡。秦开破东胡后，约莫三四十年，赵有名将李牧，戍雁门、代郡以备胡。他经了长期敛兵坚守，养精蓄锐，然后乘着匈奴的骄气，突然出战，斩了匈奴十多万骑，此后十几年间，匈奴不敢走近赵边。

当燕、赵对秦做最后挣扎时，无暇顾及塞外。始皇初并六国忙着辑绥内部，也暂把边事抛开。因此胡人得到复兴的机会。旧时赵武灵王取自匈奴的河套一带，复归于匈奴。始皇三十二年，甚至听到“亡秦者胡”的谶语。于是始皇派蒙恬领兵三十万北征。不久把河套收复，并且进展至套外，始皇将新得的土地，设了九原郡。为谋北边的一劳永逸，始皇于三十三、三十四年间，又经始两件宏大的工程：其一是从河套外的九原郡治，筑了一条“直道”达到关内的云阳（今陕西淳化县西北，从此至咸阳有泾、渭可通），长一千八百里；其二是把燕、赵北界的长城和秦国旧有的西北边城，大加修葺，并且把它们连接起来，傍山险，填溪谷，西起陇西郡的临洮（今甘肃岷县境），东迄辽东郡的碣石（在渤海岸），成功了有名的“万里长城”。

始皇的经营北边有一半是防守性质，但他的开辟南徼，则是纯粹的侵略。

现在的两广和安南[①]，在秦时是“百越”（越与粤通）种族所居。这些种族和浙江的於越，大约是同出一系的，但文化则较於越远为落后。他们在秦以前的历史完全是空白。在秦时，他们还过着半渔猎、半耕稼的生活；他们还仰赖中国的铜铁器，尤其是田器。他们还要从中国输入马、牛、羊，可见牧畜业在他们中间还没发达。不像北方游牧民族的犷悍，也没有胡地生活的艰难，他们绝不致成为秦帝国的边患。但始皇却不肯放过他们。灭六国后不久（二十六年？）即派尉屠睢领着五十万大军去征百越，并派监禄凿渠通湘、漓二水（漓水是珠江的上游），以便输运。秦军所向无敌，越人逃匿于深山丛林中，秦军久戍，粮食不继，士卒疲饿。越人乘机半夜出击，大败秦军，杀屠睢。但始皇续派援兵，终于在三十三年，把百越平定，将他们的土地，分置南海郡、桂林郡和象郡（南海郡略当今广东省，桂林郡略当广西省[②]，象郡略当安南中北部）。百越置郡之后，当时中国人所知道的世界差不

---

① 安南：越南的古称。

② 广西省：今广西壮族自治区。

多完全归到始皇统治之下了。琅琊台的始皇纪功石刻里说：

> 六合之内，皇帝之土。西涉流沙，南尽北户，东有东海，北过大夏。人迹所至，无不臣者。

至是竟去事实不远了。

以上所述一切对外对内的大事业，使全国瞪眼咋舌的大事业，是始皇在十年左右完成的。

帝国的发展与民生 张荫麟

像始皇的励精刻苦，在历代君主中，确是罕见。国事无论大小，他都要亲自裁决。有一个时期，他每日用衡石秤出一定分量的文牍，非批阅完了不肯休息。他在帝位的十二年中，有五年巡行在外；北边去到长城的尽头——碣石，南边去到衡山和会稽岭。他觉得自己的劳碌，无非是为着百姓的康宁。他对自己的期待，不仅是一个英君，而且是一个圣主。他唯恐自己的功德给时间掩没。他二十八年东巡时，登峄山，和邹鲁的儒生商议立石刻词，给自己表扬；此后，所到的胜地，大抵置有同类的纪念物。我们从这些铭文（现存的有峄山、泰山、之罘、琅琊、碣石、会稽六处的刻石文；原石唯琅琊的存一断片）可以看见始皇的抱负，他“夙兴夜寐，建设长利，专隆教诲”。他“忧恤黔首（秦称庶民为黔首），朝夕不懈”。他“功盖五帝，泽及牛马”。而且他对于礼教，也尽了不少的力量。他明立法：“饰省宣义；有子而嫁，倍死不贞；防隔内外，禁止淫佚，男女絜诚；夫为寄豭，杀之无罪，男秉义程；妻为逃嫁，子不得母，咸化廉清；大治濯俗，天下承风，蒙被休经。”在他自己看来，人力所能做的好事，他都做了。而且他要做的事，从没有做不到的。他从没有一道命令，不成为事实。从没有一个抗逆他意旨的人，保得住首领。他唯一的缺憾就是志愿无尽，而生命有穷。但这也许有补救的办法。海上不据说有仙人所居的蓬莱、方丈、瀛洲三岛吗？仙人不有长生不死的药吗？他即帝位的第三年，就派方士徐福（一作市，音同）带着童男女数千人，乘着楼船，入海去探求这种仙药，可惜他们一去渺无消息。（后来传说徐福到了日本，为日本人的祖先，那是不可靠的。）续派的方士回来说，海上有大鲛鱼困住船只，所以到不得蓬莱。始皇便派弓箭手跟他们入海，遇着这类可恶的动物便用连弩去射。但蓬莱还是找寻不着。

始皇只管忙着去求长生，他所“忧恤”的黔首却似乎不识好歹，只盼望他速死！始皇三十六年，东郡（河北、山东毗连的一带）落了一块陨石，就有人在上面刻了“始皇死而地分”六个大字。

始皇能焚去一切《诗》《书》和历史的记录，却不能焚去记忆中的六国亡国史；他能缴去六国遗民的兵器，却不能缴去六国遗民（特别是一班遗老遗少）的亡国恨；他能把一部分六国的贵族迁到辇毂之下加以严密的监视，却不能把全部的六国遗民同样处置。在旧楚国境内就流行着“楚虽三户，亡秦必楚”的谚语。当他二十九年东巡行到旧韩境的博浪沙（在今河南阳武县[1]东南）中时，就有人拿着大铁锤向他狙击，中了副车，只差一点儿没把他

① 阳武县：今河南省原阳县东南。

击死。他大索凶手，竟不能得。

而且始皇只管“忧恤黔首”，他的一切丰功烈绩，乃是黔首的血泪造成的！谁给他去筑“驰道”，筑“直道”，凿运渠？是不用工资去雇的黔首！谁给他去冰山雪海的北边伐匈奴，修长城，守长城？谁给他去毒瘴严暑的南荒，平百越，戍新郡？谁给他运粮转饷，供给这两方的远征军？都是被鞭扑迫促着就道的黔首！赴北边的人，据说，死的十有六七；至于赴南越的，因为不服水土，情形只有更惨。人民被征发出行不论去从军，或去输运，就好像被牵去杀头一般，有的半途不堪虐待，自缢在路边的树上。这样的死尸沿路不断地陈列着。最初征发的是犯罪的官吏，“赘婿”和商贾；后来推广到曾经做过商贾的人；最后又推广到“闾左”——居住在里闾左边的人。（赘婿大概是一种自己卖身的奴隶，即汉朝的赘子。商人尽先被征发是始皇压抑商人的手段之一。战国时代，法家和儒家的荀子，都认商人为不事生产而剥削农民的大蠹，主张重农抑商，这政策为始皇采用。琅琊刻石有“上农除末”之语。“闾左”在先征之列者，盖春秋战国以来，除楚国外习俗忌左，居住在闾左的，大抵是下等人家。）征发的不仅是男子，妇女也被用去运输。有一次南越方面请求三万个“无夫家”的女子去替军士缝补，始皇就批准了一万五千。计蒙恬带去北征的有三十万人，屠睢带去南征的有五十万人，后来添派的援兵和戍卒，及前后担任运输和其他力役的工人，当在两军的总数以上。为这两方面的军事，始皇至少摧残了二百万家。

这还不够。始皇生平有一种不可多得的嗜好——建筑的欣赏。他东征以来，每灭一国，便把它的宫殿图写下来，在咸阳渭水边的北阪照样起造。后来又嫌秦国旧有的朝宫（朝会群臣的大礼堂）太过狭陋，要在渭南的上林苑里另造一所，于三十五年动工。先在阿房山上作朝宫的前殿：东西广五百步，南北长五十丈，上层可以坐一万人，下层可以树五丈的大旗。从殿前筑一条大道，达到南山的极峰，在上面树立华表，当作朝宫的阙门；从殿后又筑一条大道，渡过渭水，通到咸阳。先时始皇即王位后，便开始在骊山建筑自己的陵墓，灭六国后拨了刑徒七十余万加入工作；到这时陵墓大半完成，乃分一部分工人到阿房去。这两处工程先后共用七十余万人。此外运送工粮和材料（材料的取给远至巴蜀荆楚）的伕役还不知数。这些却多半是无罪的黔首。

这还不够。上说种种空前的兵役和工程所需的粮饷和别项用费，除了向黔首身上出，还有什么来源？据说始皇时代的赋税，要取去人民收入的三分之二。这也许言之过甚，但秦人经济负担的酷重，却是可想见的了。

这还不够。苦役重税之上，又加以严酷而且滥用的刑罚。秦的刑法，自商鞅以后，在列国当中，已是最苛的了。像连坐、夷三族等花样，已是六国的人民所受不惯的。始皇更挟着虓虎的威势，去驭下临民。且看几件他杀人的故事。有一回他从山上望见丞相李斯随从的车骑太多，不高兴。李斯得知以后便把车骑减少，始皇追究走漏消息的人不得，便把当时在跟前的人统统杀了。又东郡陨石上刻的字被发现后，始皇派御史去查办，不得罪人，便命把旁边的居民统统杀了。又一回，有两个方士不满意于始皇所为，暗地讪谤了他一顿逃去。始皇闻之大怒，又刺探得别的儒生对他也有不敬的话，便派御史去把咸阳的儒生都召来案问。他们互相指攀，希图免罪，结果牵涉了四百六十余人，始皇命统统地活埋了。这便是有名的“坑儒”事件。始皇的执法如此，经过他的选择和范示，郡县的官吏就很少不是酷吏了。

始皇的长子扶苏，却是一个蔼然仁者，对于始皇的暴行，大不谓然。当坑儒命令下时，曾替诸儒缓颊，说他们都是诵法孔子的善士，若绳以重法，恐天下不安。始皇大怒，把他派去北边监蒙恬的军。但二世皇帝的位，始皇还是留给他的。及三十七年七月，始皇巡行至沙丘（今河北平乡县东北）病笃，便写定遗书，召他回咸阳会葬，并嗣位。书未发而始皇死。书和玺印都在宦官赵高手。而始皇的死只有赵高、李斯和别几个宦官知道。赵高和蒙恬有仇隙，而蒙恬是太子的亲信，李斯也恐怕蒙恬夺去他的相位。于是赵、李合谋，秘不发丧，一面把遗书毁了，另造两封伪诏，一传位给公子胡亥（当时从行而素与赵高亲慝的），一赐扶苏、蒙恬死。后一封诏书到达时，扶苏便要自杀，蒙恬却疑心它是假的，劝扶苏再去请示一遍，然后自杀不迟。扶苏说：“父亲要赐儿子死，还再请示什么？”立即自杀。

胡亥即二世皇帝位时，才二十一岁，他别的都远逊始皇，只有在残暴上是“跨灶”的。赵高以拥戴的首功最受宠信；他处处要营私，只有在残暴上是胡亥的真正助手。在始皇时代本已思乱的人民，此时便开始摩拳擦掌了。

楚汉之战及其结局 张荫麟

汉元年（前206年）四月，在咸阳新受封的诸王分别就国。张良辞别刘季，往佐韩王，却送刘季到褒中，临别，劝他烧绝所过栈道，示无北还之心，刘季依计。

五月，田荣发兵拒田都，击走之。田荣留田市，不让他赴胶东。田市惧怕项羽，逃亡就国。田荣追杀之，而自立为齐王。是时昌邑人彭越（以盗贼起）聚众万余人于巨野，无所属。田荣给他将军印，使攻济北。越击杀济北王。于是田荣尽有全齐之地。彭越又进击楚军，大破之。陈余请得田荣的助兵，并尽发南皮三县兵，共袭常山，张耳败逃。二年十月陈余迎故赵王歇于代，复立为赵王。于是齐赵地尽反楚。是月义帝在就国途次，为项羽命人袭杀于江中。

刘季乘齐变于元年八月突入关中。章邯兵败，被围于废丘（二年六月废丘始陷，章邯自杀）。塞王、翟王皆降汉。先是项羽挟韩王成归彭城，不使就国，继废之为侯，继又杀之。于是张良逃就刘季于关中。刘季以故韩襄王（战国时）孙信为韩太尉，使共张良将兵取韩地。二年十一月，韩地既定，刘季立信为韩王。先是河南王申阳亦降汉。

项羽权衡西、北两方敌人的轻重，决定首先击齐。二年正月，大败田荣于城阳。田荣遁逃，为人民所杀。项羽坑田荣降卒。提兵北进，一路毁城放火，掳掠妇女。齐人怨叛。荣弟田横，收散兵，得数万人，复反城阳。项羽还战，竟相持不下。刘季乘齐、楚相斗之际东进，降西魏王豹，虏殷王卬，为义帝发丧，率诸侯兵五十六万伐楚，遂入彭城。项羽以精兵三万人还战，汉军大溃，被挤落谷水和泗水死的据说有十余万人。再战灵璧东，汉军又溃，被挤落睢水死的据说也有十余万人，睢水几乎被死尸填塞了。楚军围了刘季三匝。适值大风从西北起，折树发屋，飞沙走石，阴霾蔽天，白昼昏黑。楚军逆着飓风，顿时散乱，刘季才得带了几十骑遁走。但项羽一去齐，田横复定齐地，立田荣子田广为王。刘季收聚散卒，又得萧何征调关中壮丁转运关中粮食来援，固守荥阳、成皋（并在今河南成皋县[①]境，荥阳在东，成皋在西），军势复振。先是魏王豹于汉军败后，复叛归楚。汉使淮阴人韩信击之。九月，韩信俘魏王豹，定魏地。

此后战争的发展，可分为三个阶段。

第一阶段尽汉三年九月。在这一阶段，汉正面大败，而侧面猛进。在正面，汉失荥阳、成皋。刘季先后从荥阳、成皋突围先遁。其出荥阳时，将军纪信假扮着他，从东门出，以诳楚军，他才得从西门逃走，纪信因此被烧杀。在侧面，韩信取赵。先

① 成皋县：今河南省荥阳市汜水镇西。

是，张耳败走，投奔汉。刘季微时曾为张耳客，因善待之。及会诸侯兵伐楚，求助于赵，陈余以汉杀张耳为条件。刘季把一个貌似张耳的人杀了，拿首级送去，陈余才派兵相助。后来陈余闻得张耳未死，便绝汉。汉使韩信击赵，杀陈余。在这阶段，还有两件大事可记。其一，楚将九江王英布先已离心，又受了汉所遣辩士的诱说，遂举九江降汉。英布旋被项羽击败，只身逃入汉，但项羽已失去一有力的臂助了。其二，项羽中了汉的反间计，对一向最得力的谋臣范增起了猜疑，范增愤而告退，归近彭城，疽发背死。

第二阶段尽汉四年九月。在这一阶段，韩信南下取齐，楚军援齐大败，韩信遂定齐地；而彭越（于田荣死后归汉）为汉守魏地，时出游兵断楚粮道，荥阳、成皋的楚军大窘；项羽抽军自领回击彭越，汉乘机收复成皋，并进围荥阳。项羽引兵还广武（在荥阳附近，荥泽与汜水之间），与汉相持数月。项羽以前方粮绌，后方又受韩信的抄袭，想和汉决一死战，而汉按兵不出，只得与汉约和。约定楚汉平分天下，以鸿沟（在广武荥泽间）为界准，其东属楚，其西属汉；楚放还前所掳汉王之父及妻。约成，项羽便罢兵东归。

以下入最后阶段。初时刘季也打算罢兵西归，张良等力劝乘势灭楚。五年十月，汉追击项羽军于固陵（今河南淮阳县[①]西北），大败之。刘季约韩信、彭越会师，而二人不至。先是韩信

① 淮阳县：今河南省周口市淮阳区。

既定齐，自请立为齐王，刘季忍怒许之；彭越只拜魏相国。至是张良献计：韩信故乡在楚，指望做楚王；彭越据魏地亦指望做魏王；若能牺牲楚、魏地的一部分，许与他们，他们必然效命。刘季依计，二人立即会师。十一月，汉遣别将渡淮围寿春，又诱降楚舒城守将，使以舒屠六。十二月，项羽至垓下（今安徽灵璧县东南），兵少食尽，汉军围之数重。项羽率八百余骑溃围而出，所当辟易；到了长江西岸的乌江（今安徽和县东北乌江浦）只剩下二十六骑。乌江渡口单摆着一只小船。乌江亭长请他立即下渡。说道："江东虽小，也有几千里地，几十万人；现在只有这一只船，汉兵即使追来，也无法飞渡。"项羽说："我当初领江东子弟八千，渡江西去，如今无一人归还，即使江东父老怜恤我，奉我为王，我也有何面目再见他们？他们即使不说话，难道我不问心有愧？"于是把所乘的骓马赏给了亭长，令他先走。自与从人步行，持短兵接战。他连接杀了几百人，身上受了十几伤，然后拔剑自刎。

五年正月，汉王立韩信为楚王，领淮北，都下邳；立彭越为梁王，领魏地，都定陶。随后，诸侯向汉王上了一封献进书如下：

楚王韩信、韩王信、淮南王英布、梁王彭越、故衡山王吴芮（项羽所立，旋废之）、赵王张敖（汉立张耳为赵王，先是已死，其子敖嗣）、燕王臧荼昧死再拜言，大王陛下：先时秦为亡道，天下诛之。大王先得秦王，定关中，于天下功最多。存亡定危，救败继绝，以安万民，功盛德厚。又加惠于诸侯王有功者，使得立社稷。地分已定，而位号比拟，亡上下之分，大王功德之著，于后世不宣。昧死再拜上皇帝尊号。

刘季经过一番逊让之后，于二月即皇帝位于定陶附近的汜水之南。是月封吴芮为长沙王，领长沙、象郡、桂林、南海四郡；又封故粤王无诸（秦所废，后从诸侯伐秦）为闽粤王，领闽中地。初定都洛阳，五月迁都于长安。

刘季做了七年皇帝（前202至前195年）而死，庙号太祖高皇帝（《广阳杂记》卷二："考得高祖起沛年四十八，崩时年六十三。"不知何据）。

纯郡县制的重建 张荫麟

刘邦即帝位之初，除封了七个异姓的“诸侯王”外，又陆续封了一百三十多个功臣为“列侯”。汉朝的封君，主要的就是这诸侯王和列侯两级。在汉初，这两级的差异是很大的。第一，王国的境土“多者百余城，少者乃三四十县”；这七个王国合起来就占了“天下”的一大半。但侯国却很少有大过一县的。刘邦序次功臣，以萧何为首，而萧何初受封为酂侯时，只食邑八千户；后来刘邦想起从前徭役咸阳时，萧何多送了二百钱的赆，又加封给他二千户；后来萧何做到相国，又加封五千户；合共才一万五千户。终汉之世，也绝少有超过四万户的列侯。第二，诸侯王除享受本国的租税和徭役外，又握着本国政权的大部分。王国的官制是和中央一样的。汉代的官制大抵抄袭秦朝。中央有丞相，王国也有之；中央有御史大夫，王国也有之；中央有太尉，王国则有中尉。王国的官吏，除丞相外，皆由诸侯王任免。但列侯在本“国”，只享受额定若干户的租税和徭役（譬如某列侯食五千户，而该国的民户超过此数，则余户的租税仍归中央），并没有统治权。他们有的住长安，有的在别处做官，多不在本国。

侯国的“相”实际是中央所派地方官，和非封区里的县令或县长相等（汉制万户以上的县置令，万户以下的县置长）。他替列侯征收租税，却不臣属于列侯。在封君当中，朝廷所须防备的只有诸侯王，列侯在政治上是无足轻重的。

最初，诸侯王都是异姓的。异姓诸侯王的存在，并非刘邦所甘愿。不过他们在新朝成立之前都早已据地为王。假如刘邦灭项之后，不肯承认他们既得的地位，他们在自危之下，联合起来，和刘邦抵抗，刘邦能否做得成皇帝，还未可知。所以当刘邦向群臣询问自己所以成功的原因，就有人答道：

> 陛下慢而侮人，项羽仁而爱人。然陛下使人攻城略地，所降下者，因以予之，与天下同利也。项羽妒贤嫉能，有功者害之，贤者疑之，战胜而不予人功，得地而不予人利，此所以失天下也。

不过刘邦在未做皇帝之前，固能“与天下同利”；做了皇帝之后，就不然了。他在帝位未坐稳之前，不能把残余的割据势力一网打尽；在帝位既坐稳之后，却可以把他们各个击破。他最初所封诸王，除了仅有众二万五千户的长沙王外，后来都被他解决了。假如刘邦有意重振前朝的纯郡县制度，他很可以把异姓诸侯王的国土陆续收归中央。此时纯郡县制度恢复的主要障碍似乎只是心理的。秦行纯郡县制十五年而亡，周行“封建”享祀八百，这个当头的历史教训，使得刘邦和他的谋臣认“封建”制为天经地义。异姓的“诸侯王”逐渐为刘邦的兄弟子侄所替代，到后来，他立誓：“非刘氏而王者天下共击之。”不过汉初的“封建”制和周代的“封建”制，名目虽同，实则大异。在周代，邦畿和藩国都包含着无数政长而兼地主的小封君；但在汉初，邦畿和藩国已郡县化了。而且后来朝廷对藩国的控制也严得多：藩国的兵符掌在朝廷所派的丞相手，诸侯王非得他的同意不能发兵。

在高帝看来，清一色的刘家天下比之宗室和异姓杂封的周朝，应当稳固得多了。但事实却不然。他死后不到二十年，中央对诸侯王国的驾驭，已成为问题。文帝初即位的六年间，济北王和淮南王先后叛变，虽然他们旋即被灭，但拥有五十余城的吴王濞又露出不臣的形迹。他收容中央和别国的逃犯，用为爪牙；又倚恃自己镕山为钱、煮海为盐的富力，把国内的赋税免掉，以收买人心。适值吴太子入朝，和皇太子（即后日的景帝）赌博，争吵起来，给皇太子当场用博局格杀了。从此吴王濞称病不朝，一面加紧地“积金钱，修兵革，聚谷食”。文帝六年，聪明盖世的洛阳少年贾谊（时为梁王太傅）上了有名的《治安策》，认为时事有“可为痛哭者一，可为流涕者一（今本作‘可为流涕者二’，据夏炘《贾谊政事疏考补》改），可为长太息者六”。其“可为痛哭者一”便是诸侯王的强大难制。他比喻道：“天下之势，方病大瘇，一胫之大几如腰，一指之大几如股。”他开的医方是“众建诸侯而少其力”，那就是说，分诸侯王的土地，以封他们的兄弟或子孙，这一来诸侯王的数目增多，势力却减少。后来文帝分齐国为六，淮南国为三，就是这政策一部分的实现。齐和淮南被分之前，颍川人晁错提出了一个更强硬的办法，就是把诸侯王土地的大部分削归中央。这个提议，宽仁的文帝没有理会，但他的儿子景帝继位后，便立即采用了。临到削及吴国，吴王濞便勾结胶东、胶西、济南、菑川（四国皆从齐分出）、楚、赵等，和吴共七国，举兵作反。这一反却是汉朝政制的大转机。中央军在三个月内把乱事平定。景帝乘着战胜的余威，把藩国一切官吏的任免权收归朝廷，同时把藩国的官吏大加裁减，把它的丞相改名为相。经过这次的改革后，诸侯王名虽封君，实为食禄的闲员；藩国虽名封区，实则中央直辖的郡县了。往后二千余年中，所行的“封建制”多是如此。

景帝死，武帝继位，更双管齐下地去强干弱枝。他把贾谊的分化政策极力推行。从此诸侯王剩余的经济特权也大大减缩，他们的食邑最多不过十余城，下至蕞尔的侯国，武帝也不肯放过，每借微罪把它们废掉。汉制，皇帝以八月在宗庙举行大祭，叫作“饮酎”，届时王侯要献金助祭，叫作“酎金”。武帝一朝，列侯因为酎金成色恶劣或斤两不够而失去爵位的，就有一百多人。

景、武之际是汉代统治权集中到极的时期，也是国家的富力发展到极的时期。

秦代十五年间空前的工役和远征已弄到民穷财尽，接着八年的苦战（光算楚汉之争，就有“大战七十，小战四十”），好比在羸瘵的身上更加剜戕。这还不够。高帝还定三秦的次年，关中闹了一场大饥荒，人民相食，死去大半。及至天下平定，回顾从前的名都大邑，多已半付蒿莱，它们的户口往往什去八九。高帝即位后二年，行过曲逆，登城眺望，极赞这县的壮伟，以为在所历的都邑中，只有洛阳可与相比，但一问户数，则秦时本有三万，乱后只余五千。这时不独一般人民无蓄积可言，连将相有的也得坐牛车，皇帝也无力置备纯一色的驷马。

好在此后六七十年间，国家大部分享着不断的和平，而当权的又大都是“黄老”的信徒，守着省事息民的政策。经这长期的培养，社会又从苏复而趋于繁荣。当武帝即位的初年，据同时史家司马迁的观察，“非遇水旱之灾，民则人给家足。都鄙廪庾皆满，而府库余货财。京师之钱累巨万，贯朽而不可校（计算）。太仓之粟，陈陈相因，充溢露积于外，至腐败不可食。众庶街巷有马，阡陌之间（马聚）成群”。

政权集中，内患完全消灭；民力绰裕，财政又不成问题；这正是大有为之时。恰好武帝是个大有为之主。

武帝开拓事业的四时期 张荫麟

武帝一朝对待外族的经过，可分为四期。

（一）第一期包括他初即位的六年（前141至前136年），这是承袭文、景以来保境安民政策的时期。武帝即位，才十六岁，太皇太后窦氏掌握着朝政。这位老太太是一个坚决的“黄老”信徒。有她和一班持重老臣的掣肘，武帝只得把勃勃的雄心暂时按捺下去。当建元三年（前138年）闽越围攻东瓯（今浙江东南部），武帝就对严助说：“太尉不足与计，吾新即位，不欲出虎符发兵郡国。”结果，派严助持“节”去向会稽太守请兵，“节”并不是发兵的正式徽识，严助几乎碰了钉子。在这一期里，汉对匈奴不但继续和亲，而且馈赠格外丰富，关市的贸易也格外起劲；可是武帝报仇雪耻的计划早已决定了。他派张骞去通使西域就在即位的初二年间。

（二）第二期从建元六年窦太后之死至元狩四年（前119年）大将军霍去病之兵临瀚海，凡十六年（前135至前119年），这是专力排击匈奴的时期。

窦氏之死，给汉朝历史划一新阶段。她所镇抑着的几支历史暗流，等她死后，便一齐迸涌，构成卷括时代的新潮。自她死后，在学术界里，黄老退位，儒家的正统确立；政府从率旧无为变而发奋兴作，从对人民消极放任变而为积极干涉。这些暂且按下不表。现在要注意的是汉廷的对外政策从软弱变而为强硬。她死后的次年，武帝便派重兵去屯北边；是年考试公卿荐举“贤良”，所发的问题之一，便是：“周之成、康……德及鸟兽，教通四海，海外肃慎，……氐、羌徕服。……呜呼，何施而臻此欤？”次年，便向匈奴寻衅，使人诈降诱单于入塞，同时在马邑伏兵三十万骑，要把单于和他的主力一举聚歼。这阴谋没有成功，但一场狠斗从此开始。

晁错的估量是不错的。只要汉廷把决心立定，把力量集中，匈奴绝不是中国的敌手。计在这一期内，汉兵凡九次出塞挞伐匈奴，前后斩虏总在十五万人以上，只最后元狩四年的一次，也是最猛烈的一次，就斩虏了八九万人。先是元狩二年，匈奴左地的昆邪王惨败于霍去病将军之手，单于大怒，要加诛戮，他便投降汉朝，带领去的军士号称十万，实数也有四万多。光在人口方面，匈奴在这一期内，已受了致命的打击（匈奴比不得中国，便遭受同数目的耗折也不算一回事。计汉初匈奴有控弦之士三十万，后来纵有增加，在此期内壮丁的耗折总在全数一半以上）。在土地方面，匈奴在这一期内所受的损失也同样的大。秦末再度沦陷于匈奴的河套一带（当时称为“河南”）给将军卫青恢复了。武帝用《诗经》中赞美周宣王征伐猃狁“出车彭彭，城彼朔方”的典故，把新得的河套地置为朔方郡；以厚酬招募人民十万，移去充实它；又扩大前时蒙恬所筑凭黄河为天险的边塞。从此畿辅才不受匈奴的威吓。后昆邪王降汉，又献上今甘肃西北的“走廊地带”（中包括月氏旧地），为匈奴国中最肥美的一片地。武帝把这片地设为武威、酒泉两郡（后来又从中分出张掖、敦煌两郡，募民充实之）。从此匈奴和氐羌（在今青海境）隔绝，从此中国和西域乃得直接交通，从此中国自北地郡以西的戍卒减去一半。后来匈奴有一首歌谣，纪念这一次的损失道（依汉人所译）：

亡我祁连山，
使我六畜不蕃息；
失我焉支山，
使我妇女无颜色！

最后在元狩四年的一役，匈奴远遁至瀚海以北，汉把自朔方渡河以西至武威一带地（今宁夏南部，介于绥远和甘肃间地）也占领了，并且在这里开渠屯田，驻吏卒五六万人（唯未置为郡县），更渐渐地向北蚕食。是年武帝募民七十余万充实朔方以南一带的边境。

（三）元狩五年至太初三年，凡十七年（前118至前102年）间，是武帝对外的第三期。在这一期内，匈奴既受重创，需要休息，不常来侵寇；武帝也把开拓事业转向别方，先后征服了南越、西南夷、朝鲜，皆收为郡县；从巴蜀开道通西南夷，役数万人；戡定闽越，迁其种族的一大部分于江淮之间，并且首次把国威播入西域。

西域在战国时是一神话的境地，屈原在《招魂》里描写道：

> 西方之害，流沙千里些！
> 旋入雷渊，靡散而不可止些！
> 幸而得脱，其外旷宇些！
> 赤蚁若象，玄蜂若壶些！
> 五谷不生，藂菅是食些！
> 其土烂人，求水无所得些！

一直到张骞出使之时，汉人还相信那里的昆仑山，为日月隐藏之所，其上有仙人西王母的宫殿和苑囿。对这神话的境界武帝首先作有计划的开拓。武帝在即位之初，早已留意西域。先时月氏国给匈奴灭了以后，一部分的人众逃入西域，占据了塞国（今伊犁一带），驱逐了塞王，另建一新国，是为大月氏（余众留敦煌、祁连间为匈奴役属的叫作小月氏），对于匈奴，时图报复。武帝从匈奴降者的口中得到这消息，便想联络月氏，募人去和它通使。汉中人张骞应募。这使事是一件很大的冒险。是时汉与西域间的交通孔道还是在匈奴掌握中，而西域诸国多受匈奴的命令。张骞未入西域，便为匈奴所获，拘留了十多年。他苦心保存着所持的使“节”，终于率众逃脱。这十多年中，西域起了一大变化。先前有一个游牧民族，叫作乌孙的，在故月氏国西，给月氏灭了。他们投奔匈奴，被收容着，至是，受了匈奴的资助，向新月氏国猛攻。月氏人被迫作第二次的逃亡，又找到一个富厚而文弱的国家——大夏（中亚古国名）——把它鸠占鹊巢地占据了；遗下塞国的旧境为乌孙所有。张骞到大夏时，月氏人已给舒服的日子软化了，再不想报仇。张骞留居年余，不得要领而返，复为匈奴所获，幸而过了年余，单于死，匈奴内乱，得间逃归。骞为人坚忍、宽大、诚信，甚为蛮夷所爱服。他出国时同行的有一百多人，去了十三年，仅他和一个胡奴堂邑父得还。这胡奴在路上给他射鸟兽充饥，否则他已经绝粮死了。

张骞自西域归还，是轰动朝野的大事。他给汉人的政治、商业和文化开了一道大门；后来印度佛教的输入，就是取道西域的。这次我国史上空前的大探险，不久成了许多神话的挂钉。《张骞出关志》《海外异物记》等类夸诞的书，纷纷地堆到他名下。这些可惜现在都失传了。

张骞第二次出使是在元狩四年，匈奴新败后。这回的目的是乌孙。原来乌孙自居塞地，国势陡强，再不肯朝事匈奴，匈奴派兵讨它，不胜，从此结下仇隙。张骞向武帝献计：用厚赂诱乌孙来归旧地（敦煌、祁连间），并嫁给公主，结为同盟，以断“匈奴右臂”；乌孙既归附，则在它西边大夏（即新月氏）等国皆可收为外藩。武帝以为然，因派张骞再度出使。这回的场面比前次阔绰得多。受张骞统率的副使和将士共有三百多人，每人马二匹，带去牛羊以万数，金币价值巨万（万万）。骞至乌孙，未达目的，于元鼎二年（前115年）归还，过了年余便死。但乌孙也派了一行数十人跟他往汉朝报谢。这是西域人第一次来到汉朝的京都，窥见汉朝的伟大。骞死后不久，他派往别些国的副使也陆续领了报聘的夷人回来；而武帝继续派往西域的使者也相望于道，每年多的十几趟，少的也五六趟，每一行大的几百人，小的也百多人；携带的礼物也大致同张骞时一般。于时请求出使西域，或应募前往西域，成了郡国英豪或市井无赖的一条新辟的出路。西域的土产如葡萄、苜蓿、石榴等植物，音乐如《摩诃》《兜勒》等曲调，成了一时的风尚。乌孙的使人归去，宣传所见所闻，乌孙由此重汉；匈奴闻它通汉，要讨伐它。乌孙恐惧，乃于元封中（前110至前105年）实行和汉室联婚，结为兄弟。但匈奴闻讯，也把一个女儿送来，乌孙王也不敢拒却，也就一箭贯双雕地做了两个敌国的女婿。中国在西域占优势乃是元封三年至太初三年（前108至前102年）间对西域的两次用兵以后的事。第一次用兵是因为当路的楼兰、姑师两小国，受不了经过汉使的需索和骚扰，勾通匈奴，攻劫汉使。结果，楼兰王被擒，国为藩属；姑师兵败国破，虽尚倔强，其后二十年（前89年）终被武帝征服。第二次用兵因为大宛国隐匿着良马，不肯奉献；结果在四年苦战之后，汉兵包围大宛的都城，迫得大宛贵人把国王杀了投降。楼兰、姑师尚近汉边，大宛则深入西域的中心。大宛服，而汉的声威震撼西域，大宛以东的小国纷纷遣派子弟，随着凯旋军入汉朝贡，并留以为质。于是汉自敦煌至罗布泊之间沿路设“亭”（驿站）；又在渠犁国驻屯田兵数百人，以供给使者。

自汉结乌孙，破楼兰，降大宛，匈奴渐渐感到西顾之忧。

初时东胡为匈奴所灭后，其余众分为两部：一部分退保鲜卑山，因号为鲜卑；一部分退保乌桓山，因号乌桓（二山所在，不能确指，总在辽东塞外远北之地）。汉灭朝鲜后，又招来乌桓，让它们居住在辽东、辽西、右北平、渔阳、上谷五郡的塞外。从此匈奴又有东顾之忧。元封六年（前105年）左右，匈奴大约因为避与乌桓冲突，向西退缩；右部从前和朝鲜、辽东相接的，变成和云中郡相当对；定襄以东，无复烽警，汉对匈奴的防线减短了一半。

武帝开拓事业，也即汉朝的开拓事业，在这第三期，已登峰造极。计在前一期和这一期里，他先后辟置了二十五新郡；此外他征服而未列郡的土地尚有闽越、西域的一部分和朔方以西、武威以东一带的故匈奴地。最后一批的新郡，即由朝鲜所分的乐浪、临屯、玄菟、真番四郡（四郡占朝鲜半岛偏北的大部分及辽宁省的一部分。此外在半岛的南部尚有马韩、弁韩、辰韩三族谓之三韩，包含七十八国，皆臣属于汉），置于元封三年（前108年）。越二年，武帝把亲自扩张了一倍有余的大帝国重加调整，除畿辅及外藩，分为十三州；每州设一个督察专员，叫作“刺史”。这是我国政治制度史上一个重要的转变。

刺史的制度，渊源于秦朝各郡的监御史。汉初，这一官废了；有时丞相遣使巡察郡国，那不是常置的职官。刺史的性质略同监御史，而所监察的区域扩大了。秦时监御史的职权不可得而详。西汉刺史的职权是以“六条”察事，举劾郡国的守相。那“六条”是：

1. 宗豪右田宅逾制，以强凌弱，以众暴寡。

2. 二千石（即食禄“二千石”的官，指郡国的守相）不奉诏书，遵承典制，倍公向私，旁诏牟利，侵渔百姓，聚敛为奸。

3. 二千石不恤疑狱，风厉杀人，怒则任刑，喜则淫赏，烦扰刻暴，剥截黎元，为百姓所疾；山崩石裂，妖祥讹言。

4. 二千石选署不平，苟阿所爱，蔽贤宠顽。

5. 二千石子弟恃怙荣势，请托所监。

6. 二千石违公下比，阿附豪强，通行货赂，割损政令。

第一和第六条的对象都是“强宗豪右”，即横行乡曲的地主。这一流人在当时社会上的重要和武帝对他们的注意可以想见了。

（四）武帝对外的第四期——包括他最后的十五年（前101至前87年）。在这一期，匈奴巨创稍愈，又来寇边。而中国经了三四十年的征战，国力已稍疲竭，屡次出师报复，屡次失利。最后，在征和三年（前90年）的一役，竟全军尽覆，主帅也投降了。祸不单行，是年武帝又遭家庭的惨变，太子冤死。次年，有人请求在西域轮台国添设一个屯田区，武帝在心灰意冷之余，便以一道忏悔的诏书结束他一生的开拓事业，略谓：

> 前有司奏，欲益民赋三十（每口三十钱）助边用。是重困老弱孤独也。而今又请遣卒田轮台！……乃者贰师（李广利）败，军士死略离散，悲痛常在朕心。今请远田轮台，欲起亭隧，是扰劳天下，非所以优民也。今朕不忍闻。……当

今务在禁苛暴，止擅赋，力本农，修马复令（马复令谓许民因养马以免徭役之令），以补缺，毋乏武备而已。

又二年，武帝死。

不过这一期中匈奴的猖獗只是“回光返照”的开始。在武帝死后三十四年内（前86至前53年），匈奴天灾人祸，外患内忧，纷至沓来，弄成它向汉稽首称臣为止。其间重要的打击凡三次。第一次（前72年），匈奴受汉和乌孙夹攻，人畜的丧亡已到了损及元气的程度；单于怨乌孙，自将数万骑去报复，值天大雪，一日深丈余，全军几尽冻死；于是乌孙从西面，乌桓从东面，丁令又从北面，同时交侵，人民死去什三，畜产死去什五；诸属国一时瓦解。又一次（前68年）闹大饥荒，据说人畜死去什六七。最后一次，国内大乱，始则五单于争立，终则呼韩邪与郅支两单于对抗；两单于争着款塞纳降，为汉属国，并遣子入侍。后来郅支为汉西域都护所杀，匈奴重复统一，但终西汉之世，臣服中国不改。跟着匈奴的独立而丧失的是它在西域的一切宗主权。它的“僮仆都尉”给汉朝的西域都护替代了。都护驻乌垒国都（今新疆库车），其下有都尉分驻三十余国。

从王莽复起至称帝 张荫麟

王莽罢政后不久，被遣归“国”（即本封的新都，在今河南），闭门韬晦了三年。吏民上书替他讼冤的有一百多次。后来应举到朝廷考试的士人又在试策里大大颂赞王莽的功德。哀帝于是召他还京，陪侍太皇太后。他还京年余，而哀帝死。哀帝又是绝后，他的母后及祖母又皆已前死，大权又回到太皇太后手，这时她七十二岁了。王莽于哀帝死后不几日，以全朝几乎一致的推举和太皇太后的诏令，复大司马职。是年九月，他才选了一个年方九岁的中山王做继任的皇帝，这时朝中已没有和王莽不协，或敢和王莽立异的人了。次年，王莽既进号太傅安汉公，位诸侯王上，太皇太后又从群臣的奏请，下诏道：

> 自今以来，惟封爵乃以闻。他事，安汉公、四辅平决。州牧（成帝末王莽为大司马时，罢刺史，于每州设长官，称州牧）、二千石及茂材吏初除奏事者，辄引入，至近署对安汉公，考故官，问新职，以知其称否。

平帝虽名为天子，连自己的母亲卫后也不得见面。她被禁锢在中山，因谋入长安，全家被诛灭。不久平帝亦郁郁而死。他一共做了五年傀儡。在这五年间，王莽行了不少的惠政和善政，举其要者如下：他大封宗室和功臣的后裔，前后不下二百人。他令官吏自“比二千石”以上，年老退休的，终身食原俸三分之一。值凶年，他献田三十顷，钱百万，以与贫民，同僚仿行的二百三十人。他在长安城中起了五条街，房屋二百所，给贫民居住。他立法，妇女非身自犯法，不受株连；男子八十以上七岁以下，非家犯大逆不道，被诏名捕，不得拘系。他赐天下鳏寡孤独及高年人以布帛。他在郡（王国同）、县（侯国同）、乡、聚（较乡为小）皆设公立学校；在郡的称“学”，在县的称“校”，每所置经师一人；在乡的称“庠”，在聚的称“序”，每所置《孝经》师一人（《孝经》是战国末出现的一部劝孝的书，托为孔子和弟子对话的记录）。他扩充太学，增加博士人数至每经五人；于《五经》之外又添立《乐经》；学生增加至万余人。又给太学建筑宏伟的校舍，其中学生宿舍就有万多间。他征求全国通知逸经、古记、天文、历算、乐律、文字训诂、医药、方技和以“五经”、《论语》《孝经》《尔雅》（秦汉间出现的讲训诂的书）教授的人，由地方官以优礼遣送到京；前后应征的凡数千人，皆令在殿庭上记述所学。他又曾奏上“吏民养生，送终，嫁娶，田宅，奴婢之品”；所谓“品”就是分等级的限制。董仲舒、师丹的建议他又打算实行。可惜这方案提出不久，适值卫氏之狱，又被搁起，后来不知何故，竟没有重提；其详细节目不得而考了。

讴歌和拥戴王莽的人自然不会缺少。当平帝选后，王莽拒绝把女儿参加候选时，就每日有千余人，包括平民、学生和官吏，守阙上书，“愿得公女为天下母”，结果他的女儿不待候选便直接做了皇后。当皇后正位后，群臣请求给他“大赏”时，就有八千多人上书附和。当他拒绝接受赏田时，就先后有吏民四十八万七千五百七十二人，上书朝廷，声言对他“宜亟加赏”。

在这时期，王莽处处以周公为榜样，朝野也以周公看待他。传说周公辅政时，有南方远夷越裳氏来献白雉，为周公功德及远的表征；是时也有益州塞外（今安南境）蛮夷，自称越裳氏，来献白雉和黑雉，其后四夷声言因慕义而来朝贡的络绎不断。周公“托号于周”，所以朝廷的公论要给王莽以安汉公的称号。周公位居总领百僚的太宰，所以朝廷的公论要为他特设“宰衡”一职，位在诸侯王之上（宰衡是兼采太宰和阿衡之号，商汤大臣伊尹，号阿衡，曾辅汤孙太甲）。周公的七个儿子都封为诸侯，所以朝廷的公论要把他的两个儿子（他原有四子，一因杀奴，为他迫令自杀；一因助卫氏，伏诛；后来又一因谋杀他，为他迫令自杀）都封侯。最后，传说周公当成王幼小时，曾暂时替代他做天子，谓之“居摄”，于是就有一位侯爵的宗室上书，说“今帝富于春秋，宜令安汉公行天子事，如周公”。这件想象的史事正要开始重演时，平帝病死，又是绝后。是月就有人奏称，武功县长淘井，得白石，上有丹漆写的文字：“告安汉公莽为皇帝。”王莽却经问卜和看相之后，选了一个最吉的两岁的宗室子婴，做平帝的后嗣，同时他受同僚的推戴和太皇太后勉强下的诏令，实行“居摄”，他令臣民称他为“摄皇帝”。他祭祀及朝见太皇太后时，自称“假皇帝”（假有代理之意，非言伪）。

在王莽“居摄”的头两年间，安众侯刘崇及东郡太守翟义先后起兵讨伐他，皆败死。第三年（8年），宣示天意要王莽做皇帝的“符命”接叠而起，是年十一月，王莽奏上太皇太后，请（许莽）：

> 共事神祇宗庙，奏言太皇太后、孝平皇后，皆（仍）称假皇帝，其号令天下，天下奏言事，毋言摄，以居摄三年为初始元年，漏刻以百二十为度，用应天命。臣莽夙夜养育，隆就孺子，令与周之成王比德；宣明太皇太后威德于万方，期于富而教之。孺子加元服，“复子明辟”（谓待子婴长大后，还他帝位），如周公故事。

次月，某日黄昏时，有梓潼人哀章，穿着黄衣，拿了一个铜盒，送到汉高祖庙。盒里装着两卷东西：一卷题为《天帝行玺金匮图》，一卷题为《赤帝行玺刘邦传予黄帝金策书》。策书的大意是说王莽应为真天子，太皇太后应从天命。守庙的人奏闻王莽。次日一早王莽便到高庙拜受这铜盒，即所谓“金匮”，然后谒见太皇太后，然后还坐殿廷，下书道：

予以不德，托于皇初祖考黄帝之后，皇始祖考虞帝之苗裔，而太皇太后之末属。皇天上帝隆显大佑，成命统序，符契图文，金匮策书，神明诏告，属予以天下兆民。赤帝汉氏高皇帝之灵，承天命，传国金策之书，予甚祗畏，敢不钦受？以戊辰直“定”（定是建除等十二日次之一），御王冠，即真天子位。定有天下之号曰“新”。其改正朔，易服色，变牺牲，殊徽帜，异器制。以十二月朔癸酉为始建国元年正月之朔。

王莽的改革 张荫麟

王莽即真后，除了改正朔、易服色等等外，还要改变全国的经济机构。他自从少年得志以来，可谓从心所欲，无不成为事实。现在他要依照先圣的启示，理性的唤召，为大众的福利和社会的正义，去推行一种新经济的制度，还会遇到不可克服的阻碍吗？孟子所提倡而认为曾经存在过的“井田”制度，时常闪烁于西汉通儒的心中。不过董仲舒和师丹都认为“井田”制“难猝行”，不得已而思其次，提出“限民名田”的办法。王莽在胜利和乐观、信古和自信之余，便完全看不见董仲舒和师丹所看见的困难了。他不但要实行“井田”制度，并且要同时改革奴隶的制度，始建国元年（9年）王莽下诏道：

古者设庐井八家，一夫一妇田百亩，什一而税，则国给民富而颂声作。此唐、虞之道，三代所遵行也。秦为无道，……坏圣制，废井田，是以兼并起，贪鄙生，强者规田以千数，弱者曾无立锥之居。又置奴婢之市，与牛马同兰，制于民臣，专断其命（谓吏民得擅杀奴婢）。奸虐之人，因缘为利，至略卖人妻子。逆天心，悖人伦，缪于“天地之性人为贵”（语出《孝经》）之义。……汉氏减轻田租，三十而税一，常有更赋，罢癃咸出。而豪民侵陵，分田劫假。厥名三十税一，实什税五也。父子夫妇，终年耕芸，所得不足以自存。故富者犬马余菽粟，骄而为邪；贫者不厌糟糠，穷而为奸。俱陷于辜，刑用不错。……今更名天下田曰王田，奴婢曰私属，皆不得买卖。其男口不盈八而田过一井者，分余田予九族邻里乡党。故无田，今当受田者，如制度。敢有非井田圣制，无法惑众者，投诸四裔，以御魑魅，如皇始祖考虞帝故事。

这道诏书亦宜与董仲舒请限民名田及废除奴婢的奏章对读。这道诏书所提出的改革，分析如下：

（一）田地国有，私人不得买卖（非耕种的土地，似不在此限）。

（二）男丁八口以下之家占田不得过一井，即九百亩。关于男丁八口以上之家无明文，似当以“八丁一井”的标准类推，有爵位食赏田的当不在此限。

（三）占田过限的人，分余田与宗族乡邻。

（四）无田的人，政府与田；所谓“如制度”，似是依“一夫一妇田百亩”的办法。有田不足此数的亦当由政府补足。

（五）现有的奴婢，不得买卖（但没有解放）。买卖自由人为奴婢，虽没有提及，当亦在禁止之列。现有的奴婢的子孙是否仍听其承袭为奴婢，亦没有明文。若是，则是王莽要用渐进的方法废奴；若否，则他并不是要完全废奴。

这道诏令实际上曾被施行到什么程度，不可确考。据说“坐卖买田宅奴婢，……自诸侯卿大夫至于庶民，抵罪者不可胜数”。可惜这几句话太笼统了。这道诏令的推行所必当碰到的困难和阻碍是怎样，历史上亦没有记载。但是到了始建国四年，有一位中郎区博进谏道：

> 井田虽圣王法，其废久矣。……今欲违民心，追复千载绝迹，虽尧、舜复起，而无百年之渐，弗能行也。天下初定，万民新附，诚未可施行。

王莽听了他的话，便下诏：

> 诸名食王田，皆得卖之，勿拘以法。犯私买卖庶人者，且一切勿治。

这里只涉及上列的第一项及第五项的一部分。其余各节不知是否亦连带撤销。但我们要注意，他的解禁并不否认始建国元年的诏令在四年间所已造成的事实。

除了关于土地和奴婢的新法外，王莽在民生及财政上还有六种重要的兴革：

（一）国营专利事业的推广。武帝时国家已实行盐铁和酒的专卖，其后酒的专卖废于昭帝时；盐铁的专卖，宣帝时废而旋复。王莽除恢复酒的专卖外，更推广国家独占的范围及于铜冶和名山大泽的资源的开采，同时厉禁人民私自铸钱。

关于这一项立法的用意，王莽曾有诏说道：

> 夫盐，食肴之将（将帅）；酒，百药之长，嘉会之好；铁，田农之本；名山大泽，饶衍之臧；五均赊贷，百姓所取平，卬以给澹；钱布铜冶，通行有无，备民用也。此六者，非编户齐民所能家作，必卬于市，虽贵数倍，不得不买，豪民富贾，即要（要挟）贫弱。先圣知其然也，故斡（谓由国家经营）之。

（二）国家放款的创始。人民因祭祀或丧事所需，得向政府借款，不取利息；还款期限，祭祀十日，丧事三月。人民因经营生业，得向政府借款，每年纳息不过纯净赢利的十分之一。

（三）国营“平价”贸易的创始。五谷布帛丝绵等类日常需用之物，遇滞销时，由政府照本收买。政府在各地算出这类货物每季的平均价格（各地不必同）。若货物的市价超过平均价，则政府照平均价出卖；若低过平均价，则听人民自相买卖。这制度虽然与武帝所行的平准法有点相似，但用意则极不相同，后者目的在政府赢利，前者则在维持一定的物价水准，便利消费者而防止商人的囤积居奇。

（四）荒弃土地税的创始。不耕的田和城郭中不种植的空地皆有税。

（五）处理无业游民的新法。无业的人每丁每年须缴纳布帛一匹，不能缴纳的由县官征服劳役，并供给其衣食。

（六）所得税的创始。对一切工商业（包括渔猎牧畜、巫医卜祝、旅店经营以至妇女之养蚕、纺织和缝补），取纯利十一分之一，叫作“贡”，政府收入的贡即为放款与人民的本钱。贡税与现代所得税的异点在前者没有累进的差别，亦没有免征的界限。

以上的制度，除铜冶的专利公布于始建国元年外，其余皆在始建国二年以后陆续公布，其被实际施行的程度和推行时所遇的困难和阻碍，历史上亦均无记载。铜冶的专利弛于始建国五年，山泽的专利弛于地皇三年（22年），次年王莽便败死。

东汉的建立及其开国规模 张荫麟

新朝倒塌后，革命势力的分化和冲突，乘时割据者的起仆和一切大规模和小规模的屠杀、破坏，这里都不暇陈述。总之，分裂和内战继续了十四年，然后全中国统一于刘秀之手。

刘秀成就帝业的经过，大致如下。他起初追随其兄刘縯之后。昆阳之战后不久，刘縯为更始所杀。时秀统兵在外。闻讯立即驰往宛城，向更始谢罪，沿途有人吊唁，他只自引咎，不交一句私语。他没有为刘縯服丧，饮食言笑，一如平常。更始于是拜他为破虏大将军，封武信侯。是年，更始入驻洛阳，即派他“行大司马事”，去安抚黄河以北的州郡。当他渡河时，除了手持的麾节外，几乎什么实力也没有。他收纳了归服的州郡，利用他们的兵力去平定拒命的州郡。在两年之间，他不独成了黄河以北的主人，并且把势力伸到以南。在这期间，更始定都于长安，封他为萧王；他的势力一天天膨胀；更始开始怀疑他，召他还京了；他开始抗拒更始的命令了，他开始向更始旗下的将帅进攻了。最后，在更始三年六月，当赤眉迫近长安，更始危在旦夕的时候，他即皇帝位于鄗南，改元建武，仍以汉为国号（史家称刘秀以后的汉朝为后汉或东汉，而别称刘秀以前的汉朝为前汉或西汉）。先是，有一位儒生从关中带交他一卷“天书”，上面写着：

刘秀发兵捕不道，
四夷云集龙斗野；
四七之际火为主。

是年，赤眉入长安，更始降。接着，刘秀定都于洛阳。十二月，更始为赤眉所杀。赤眉到了建武三年（27年）春完全为刘秀所平定。至是，前汉疆域未归他统治的，只相当于今甘肃、四川的全部和河北、山东、江苏的各一小部分而已。这些版图缺角的补足，是他以后十年间从容绰裕的事业。

刘秀本是一个没有多大梦想的人。他少年虽曾游学京师，稍习经典，但他公开的愿望只是：

作官当作执金吾，
娶妻当娶阴丽华。

执金吾仿佛京城的警察厅长，是朝中的第三、四等的官吏。阴丽华是南阳富家女，著名的美人，在刘秀起兵的次年，便成了他的妻室。他的起兵并不是抱着什么政治的理想。做了皇帝以后，心目中最大的政治问题似乎只是怎样巩固自己和子孙的权位而已。他在制度上的少数变革都是朝着这方向的。第一是中央官制的变革。在西汉初期，中央最高的官吏是辅佐君主总理庶政的丞相和掌军政的太尉、掌监察的御史大夫，共为三公。武帝废太尉设大司马，例由最高的统兵官“大将军”兼之。成帝把御史大夫改名为大司空，哀帝又把丞相改名为大司徒。在西汉末期，专政的外戚例居大司马、大将军之位，而大司徒遂形同虚设了。刘秀把大司徒、大司空的“大”字去掉，把大司马复称太尉，不让大将军兼领。同时他“愠数世之失权，忿强臣之窃命，矫枉过直，政不任下，虽置三公，备员而已”（东汉人仲长统语）。他把三公的主要职事移到本来替皇帝掌管文书出纳的尚书台。在官职的等级上，尚书台的地位是很低的。它的长官尚书令禄只千石，而三公禄各万石。他以为如此则有位的无权，有权的无位，可以杜绝臣下作威作福了。第二是地方官制的变革。西汉末年，把刺史改称为州牧，把他的秩禄从六百石增到二千石，但他的职权并没有改变。州牧没有一定的治所，每年周行所属郡国，年终亲赴京师陈奏。他若有所参劾，奏上之后，皇帝把案情发下三公，由三公派员去按验，然后决定黜罚。刘秀定制，州牧复称刺史，有固定治所，年终遣吏入奏，不用亲赴京师，他的参劾，不再经三公按验，而直接听候皇帝定夺。这一来三公的权减削而刺史的权提高了。第三是兵制的变革。刘秀在建武七年三月下了一道重要的诏令道：

> 今国有众军，并多精勇。宜且罢轻车、骑士、材官、楼船。

这道诏令的意义，东汉末名儒应劭（曾任泰山太守）解释道：

> （西汉）高祖命天下郡国选能引关蹶张、材力武猛者，以为轻车、骑士、材官、楼船。常以立秋后，讲肄课试，各有

员数。平地用（轻）车、骑（士），山阻用材官，水泉用楼船。……今悉罢之。

这道诏令使得此后东汉的人民虽有服兵役的义务，却没有受军事训练的机会了。应劭又论及这变革的影响道：

自郡国罢材官、骑士之后，官无警备，实启寇心。一方有难，三面救之，发兴雷震，……黔首嚣然。不及讲其射御，……一旦驱之以即强敌，犹鸠鹊捕鹰鹯，豚羊弋豺虎。是以每战常负，……尔乃远征三边，殊俗之兵，非我族类，忿鸷纵横，多僵良善，以为己功，财货粪土。哀夫！民氓迁流之咎，见出在兹，不教民战，是谓弃之。迹其祸败，岂虚也哉！

末段是说因为郡国兵不中用，边疆有事，每倚靠雇佣的外籍兵，即所谓胡兵；而胡兵凶暴，蹂躏边民，又需索犒赏，费用浩繁。应劭还没有说到他所及见的一事：后来推翻汉朝的董卓，就是胡兵的领袖，凭借胡兵而起的。

郡国材官、骑士等之罢，刘秀在诏书里明说的理由是中央军队已够强众，用不着他们。这显然不是真正的理由。在征兵制度之下，为国家的安全计，精强的兵士是岂会嫌多的？刘秀的变革无非以强干弱枝，预防反侧罢了。郡国练兵之可以为叛乱的资借，他是亲自体验到的。他和刘縯当初起兵，本想借着立秋后本郡“都试”，即壮丁齐集受训的机会，以便号召，但因计谋泄露而提早发难。当他作上说的诏令时，这件故事岂能不在他心头？

民族大融合

——魏晋南北朝

1937

—

1946

曹操与三国 雷海宗

自董卓以下，中央成为大军阀的傀儡，地方则由大小的军阀割据。董卓没有远大的计划，失败之后，曹操取代他的地位。

曹操（155—220），字孟德，沛国谯县（今安徽亳州）人。其父曹嵩是大宦官曹腾的养子，官至太尉。曹操少机警，有权术，20岁时举孝廉为郎。灵帝中平五年（188年）组建西园新军，他任典军校尉。董卓专权后，曹操到陈留聚兵五千人，参加讨董联军。初平三年（192年），青州黄巾军攻杀兖州刺史，曹操入据兖州，击败黄巾军，收降卒三十余万，男女百余万口。他改编其中精锐者，号称“青州兵”，从此势力大振。后曹操迎汉献帝入许昌，取得了“挟天子以令诸侯”的政治优势。当曹操大体上平定黄河以南时，袁绍也平定了黄河以北。建安五年（200年），双方决战于官渡（今河南中牟境内）。曹军在官渡以少胜多，歼灭袁军主力，取得了统一北方的决定性胜利。官渡战后，袁绍病死，其子袁谭、袁尚自相攻击，曹操乘机挥师北上，消灭了袁氏残余势力。此后，曹操集团成了当时势力最大、军事实力最强，同时拥有着很大政治号召力的割据势力。

割据的局面渐渐分明，形成鼎足之势，赤壁之战可说是决定三国局势的战争。曹操平定北方后，欲借胜利之余威扫荡南方，攻灭荆州、江东以统一天下。不过志得意满的曹操由于轻敌和出兵过于迅速而没有考虑到其他的复杂因素，终于被一心抗曹的孙权和刘备在赤壁击败。曹操退回北方后，刘备以荆州地区为根据地，又占领了益州、汉中等地，巩固了自己的势力。三国鼎立局面实际形成。后来曹丕篡汉，吴、蜀称尊，不过是正式宣布一件既成事实。

此后五六十年间，天下处在不断的战乱中。在这种混战中，挟持天子的曹氏实力最为雄厚，所以最后仍是魏与它的继承者晋占了胜利。长期大乱之后，社会生活又返回到原始的状态，交易方面甚至又退化到以货易货的地步。

西晋与中原之沦丧 雷海宗

经过汉末的大乱与三国的扰攘之后，天下一并于晋，大局似乎又安定下来。但这只是片时的安定，不过是大崩溃前的回光返照。自殷商以下两千年来建功立业的华夏民族至此已颓废堕落到可惊的程度，无人再能真正振作，大家好似不约而同地走向自杀之路。政治腐败，目的不在治民而在吃民，贿赂公行，钱能通神。

晋武帝是开国之君，却是平庸之主，无经国远图，宽纵大臣，信用佞臣。朝中权贵结党营私，政出多门。他贪婪成性，公然卖官鬻爵，以为私财。自灭吴之后，更加志得意满，以为江山一统，天下太平，“骄泰之心，因斯以起”（《晋书·帝纪第三·武帝》）。他的后宫原有宫女五千，又选取吴宫女五千，终日耽于嬉戏。君主如此，臣僚更甚。西晋权贵大多是曹魏权贵的子孙，生于富贵，安于逸乐，以奢靡相高，纵情于声色。为维持奢侈的生活方式，他们千方百计地聚敛财富，广占园田土地，收受贿赂。如鬲令袁毅行贿遍朝中，以求升迁。当时求官买职成风，王沈在《释时论》中说，“京邑翼翼，群士千亿，奔集势门，求官买职”（《晋书·文苑·王沈》）。连荆州都督杜预也不得不给朝中权贵送礼以求平安。更有甚者，石崇在荆州任上竟然派人抢劫过往的使者、客商。对此，时人鲁褒讽刺说，“凡今之人，唯钱而已”（《晋书·隐逸·鲁褒》）。西晋统治集团腐败到这个地步，它的灭亡已经不远。

大乱之后政治破裂，豪右遂得操纵地方。这最少是晋又行“封建”制的一个原因。但封建并不足以挽回颓局，反致促进崩乱的来临。地方都督，都是由皇帝任命的。建立都督制的目的也是巩固皇权，捍卫统一。但都督坐镇一方，手握一方军政大权，可以成为维护皇权的力量，也可以成为地方割据的势力。晋因惩魏氏孤立之弊而建立的宗室诸侯王的特权，由于缺乏必要的法度和统治集团内部矛盾的发展，宗室诸侯王恰好成为分割皇权的势力。

社会的萎靡与政治的腐败同时并进。有能力的人都采取及时行乐主义而癫狂般地享用。内部腐化破裂到不可收拾的时候，杂居中国边地甚至内地的夷狄就乘机喧宾夺主，人民的颠沛流离达到一个难以想象的地步。汉末以下的扰乱至此可说收到了最后的恶果。永兴元年（304年），匈奴族首领刘渊在离石（今属山西）起兵反晋，自称匈奴大单于，后建国号汉，改称汉王。刘渊子刘聪继立，派兵消灭西晋。其后，匈奴、羯、氐、羌、鲜卑等各族纷纷在北方建立政权，各政权之间此起彼伏、互相攻杀，昔日中原胜地沦为炼狱，百姓或被杀，或携家带口流离失所，在流亡的道路上，尸骨成堆、哀号满路。

最可怜的就是少数的明眼人，在晋武帝的盛期他们已知自己是处在衰乱的末世，但他们的大声疾呼并没有发生效力。一般的人似乎都抱着一种“日暮途远倒行逆施”的宗旨度日；人心既死，一切在理论上可行的办法都无济于事。

南北朝 雷海宗

一 南北互诋

南北并立的二百余年间，双方都以正统自居。北朝的根据是地理的线索，认为中原旧地足以代表中国文化的正统，所以就呼南朝为岛夷。南朝的根据是历史的与种族的线索，认为自己是纯粹的汉人与汉人的正统政府，所以就呼北朝为索虏。

二 南朝

南朝篡乱相继，二百年间政治始终未上轨道，政治社会一般的情形也非常混乱。东晋将领刘裕灭亡东晋建立刘宋，刘裕、刘义隆在位期间，刘宋尚有生气，不过刘宋末期，皇室兄弟间相互残杀，政治一度混乱。在此期间，南兖州刺史萧道成趁乱灭宋，建立齐。南齐的命运与刘宋相若，开国之主尚能控制局面，此后南齐皇室间的相互残杀更甚于宋末。永元三年（501年），宗室雍州刺史萧衍自襄阳起兵攻占建康，次年称帝，建立梁朝。梁武帝萧衍在位四十八年，他统治的晚期迷信佛教，大兴寺庙，甚至以皇帝之身出家为僧，而让大臣们花巨资赎他还俗。糊涂的萧衍妄想北朝叛将侯景能够助他北伐中原，结果反被侯景乘机围困于台城活活饿死。待到陈霸先建立陈朝，南朝与北朝的差距进一步拉大，陈朝的疆域是南朝中最小的。

当时，只有商业似乎还有相当的发展。南方商业发展的一个重要表现，是非官方的草市的出现。当时，建康城除了城内官立的大市、北市、东市、宫市等以外，沿着秦淮河东北岸一线，又有备置官市征税的大市及十余所小市。这些小市也就是草市，是一种因商业发展而自然兴起的交易市场。随着商业的发展，长途贩运趋于活跃。江南江河纵横，水运也随之发达。

但南朝有它历史上的作为，就是将长江流域完全汉化。南迁侨人中的士大夫，代表一种特殊的势力，可说是南方的征服者，正如胡人是中原的征服者一样。南土虽从春秋时代以后就开始与中国同化，但这种同化的过程直到魏晋时代仍未完成。历代中原移殖的人与南土汉化的人虽已占多数，生熟的蛮人仍有他们自己的地盘，风俗习惯仍保留原始的状态。南迁的中原人士带有殖民的性质，与本地的汉人恐怕已不免冲突，与族类不同文化幼稚的蛮夷当然势不两立，蛮人因而时常暴动反抗。汉人虽然衰弱，但对付蛮人还无大的困难。到南北朝的末期，虽然江汉一带的蛮夷问题尚未完全解决，但一部分的蛮人却已汉化，蛮人的部分土地也被汉人占领。

三　北朝

北朝最大的特点就是有种族的分别，最少在初期胡主汉奴的情形很明显，到末期也没有完全消灭。至于政治，虽较南朝或者略为健全，然而大致也未上轨道，如北魏前期实际上实行的是一种“胡汉杂糅”的政治制度，有“胡汉分治”的色彩。政治社会一般的情形也与南朝同样的混乱。淝水之战后，鲜卑拓跋部酋长拓跋珪重新纠集部众，于公元389年[①]恢复代国，不久，改国号魏，史称北魏。北魏比较有作为的皇帝孝文帝死后，北魏日趋衰落。朝政混乱之时，大将尔朱荣率军攻占洛阳，掌控朝政，史称河阴事变。他在河阴将北魏幼主和胡太后沉入黄河溺毙，杀死大臣两千余人。后北魏分裂为东魏、西魏，而东、西魏的命运与南朝各政权有很大相似性，经过一个个的宫廷剧变和兄弟相残，东、西魏又相继被北齐、北周等取代。但北朝对农业社会土地分配的基本问题有比较周密的计划，不似南朝的自由放任。北魏开始所实行的均田制，为北朝各代所沿袭和发展。直到隋唐，其与土地有关的制度设计都与均田制有很大关系。

胡主汉奴的北朝也有它的作为，就是使胡人汉化。当时中原——最少中原的一部分——恐怕已退化到半野蛮的状态，以致连孔子都变成巫人求福的工具。胡人汉化的初步工作就是由代北迁都洛中。中原文化退步，数百年来受胡蹄蹂躏最烈的并州边地恐怕更退化到难以设想的地步。所以北朝若要完全汉化，非向南迁都不可。但保守派的旧族故老极力反对，最后迁都的计划也不得不略为缓和妥协。迁都之外，官制、姓氏、宗教典礼、婚制，也

① 应为公元386年。

都汉化。孝文帝鼓励胡汉联婚，禁绝北语，废除胡服。孝文帝本人几乎变成一个儒生式的皇帝，而最能说明胡人汉化的就是两族的通谱连宗。

四　门阀

自三国时代建立了九品中正的制度，富贵贫贱的分别渐渐形成望族寒门的阶级。乱世的流浪人多投身到富贵之家以求保护，自由平民通过投靠、赐予等途径降为大族豪强的依附民；奴隶解放，一般也不是直接解放为自由平民，而是解放为依附民，通常被称作客。依附民代替了自由平民和奴隶，成为突出的社会阶层。阶级的分别因而越发显著。到南北朝时代门阀的制度可说完全成立。门阀的一种表现就是士庶不通婚姻，并且不只南朝如此，北朝也有同样的制度。第二种表现就是望族的谱学发达。第三种表现就是风水的信仰大盛，这可说是保障士族永为士族的方法。第四种表现就是士族阶级中出现“谀墓文”的时髦。

五　南北消长与混一

南北对立的二百余年间，大致南朝比较衰弱，有时甚至遭北朝的轻视嘲笑。刘宋虽有所谓的“元嘉北伐”，不过换得了“仓皇北顾”的结果。梁武帝妄想借侯景之力收复失地，更是被侯景困死。北朝除称南朝为“岛夷”外，由于北朝兵力比南朝强大，因此北朝诸政权的皇帝都没有将南朝放在眼里。

北朝的劲敌却在远北的塞外。现在北朝反成了中国文化的保护者，抵抗外边的北族不使内侵。经过汉以后外族的陆续南徙与西晋以下的大批南闯，长城必已破烂不堪。长此以往，中原必将循环不已地受新外族的蹂躏，最后的结果甚至可使中原完全野蛮化。为使中原安定，容已经进来的外族一个休息与汉化的机会，北朝非重修长城不可。北魏初期，大军南下作战时，柔然的骑兵经常侵入北魏境内。为防备柔然等北方民族的入侵，太平真君七年（446年）六月北魏太武帝拓跋焘调发司、幽、定、冀四州十万人在东起上谷（今北京延庆），西至今山西河曲一带大规模修筑边防工程，后在北方边界成立六大边防军镇，史称“六镇”。

在二百年的南北消长中，南朝的领土大致日渐缩小。时机成熟之后，北朝把南朝吞并，天下又归一统。

封建国家的发展
——隋唐大一统

1937
—
1946

隋唐政治与社会 雷海宗

一　官制

官制经过汉末以至周、隋四五百年间，名称上的变化甚多，本质上却大致固定。唐代官制的演化与汉代相同。皇帝喜欢用私人或低级官吏，以致政治的实权时常转移。这也是后世历代的通例。唐太宗常以品位较低的官员以“参知政事”“参预朝政”“参议得失”等名号，执行相职。以后又出现“同中书门下三品”“同中书门下平章事”等宰相名号。唐太宗的这些做法，表明皇帝任用宰相的范围扩大了，已不限于三省长官。宰相成员增多，既便于集思广益，又使之互相牵制，从而避免出现权臣专权的局面。

唐朝盛时的官制就是后代谈政治理论的人所喜欢称赞的三省六部的制度。唐朝的三省为中书省、门下省、尚书省。中书省负责定旨出命，长官中书令二人；门下省掌封驳审议，长官侍中二人；中书、门下通过的诏敕，经皇帝裁定交尚书省贯彻。尚书省职责为执行，长官尚书令一人，副长官左、右仆射各一人。尚书省下辖吏、户、礼、兵、刑、工六部，长官尚书，六部分理各种行政事务。三省长官共议国政，执宰相之职，他们议政的场所叫政事堂。

御史台负责监察百官，弹劾不法，在中央及地方各级政府都设有谏官，有一套独立的垂直机构，是保障整个官僚制度健全推行的机关。

地方官的制度也与汉代以及后代实质相同，均是想方设法以各种制度防止地方势力的独大。

但有一点新的发展，就是魏晋以下萌芽的地方官回避乡土的规律到隋唐时代发展成熟。东汉时期就有“三互法”，即“三互谓婚姻之家及两州人不得交互为官”。到唐朝时则进一步规定不许官员任本籍州县官及本籍邻县官。

二　兵制

自汉代兵制破裂以后，到周隋盛唐才又有半征兵的府兵制度出现，但这只是昙花一现。府兵制虽然从制度上看似增强了军队的战斗力，在唐初也确实具有较强的战斗力，他们是军队的骨干。不过由于府兵制依赖于均田制等经济制度的有效实行，随着唐朝经济的发展和土地兼并程度的日益加深，府兵制赖以存在的经济基础不复存在，从前备受尊重的府兵们有的竟沦为权贵役使的仆从。所以府兵制在隋唐的时候仅在前期得以有效实行，到唐玄宗统治时终于被废除。

至于天子的禁军，自初就是一种装饰品。此后历代也永未能再建设一个健全的军制。

三 均田与赋役

经过魏晋以下的长期分裂之后，隋室统一，天下安定，并且只需维持一个政府，所以人民的经济与国家的财政都感觉非常充裕，暴富后的浪费现象也很自然地随之产生。隋开国皇帝杨坚开创所谓“开皇之治”使隋朝国库异常充盈，不过他的儿子杨广即位后，虽踌躇满志，却也好大喜功。他开凿大运河供自己巡游，巡游时其龙船由征发而来的纤夫拉着走，船上的食物吃不完便倒到河里。杨广面对万里江山犹觉不足，因此征发壮丁，三征高句丽，结果大败而回。几经折腾之下，隋朝的繁荣景象不再，充盈的国库亦被这位皇帝花个精光。

唐承隋业，对民生与国用有大规模的设计统制。经过李世民、武则天和李隆基的励精图治，唐朝终于在开元年间走到极盛。天宝乱后，唐制破裂，国计民生的各方面就呈现出后世大致不变的制度。

经过南北朝时代的移殖开拓，东南一带不只文化地位提高，经济上的位置也日见重要。隋唐时代东南的漕运成了维持京畿的必需条件，特别是安史之乱之后，由于北方战乱的破坏，唐朝廷在缺粮的情况下只能依靠相对安定的南方通过运河维持生计。此后凡在天下统一时期，也无不如此。

四 学校与选举

隋唐统一，创立有系统的学校与科举制度，此外又为特殊人才与军事人才谋出路。科举制度自隋朝创立之后就一直被唐代君主所完善。到了武则天时代，创立了武举，从此科举的选拔范围扩大到了军事领域。

后世历代求人才的方法，都没有超出隋唐的范围，在理论上，科举出身的人都可做官，并且实际上有官做的也不在少数。但天下虽大，仕途虽广，若所有科举出身的人都要做官也是办不到的。在唐朝，常科登第后，还要经吏部考试，叫选试。合格者，才能授予官职。唐代大家柳宗元进士及第后，以博学宏词，被即刻授予“集贤殿正字”。如果吏部考试落选，只能到节度使那儿去当幕僚，再争取得到国家正式委任的官职。韩愈在考中进士后，三次选试都未通过，不得不去担任节度使的幕僚，而后才踏进官场。这也是后世总没有解决的一个严重问题。

隋唐制度渊源略论稿——职官 陈寅恪

隋唐职官之名号任务，其渊源变革记载本较明显，而与此章有关之隋唐制度之三源复已于前章详悉考论，其涉及职官者尤为易知，故此章仅择其要点言之，其余可从简略。但有二事，实为隋唐制度渊源系统之所系，甚为重要，而往往为论史者所忽视或误解，则不得不详为考辨，盖所以证实本书之主旨也。其第一事即宇文泰所以令苏绰、卢辩等模仿《周官》之故及其制度实非普遍于全体，而仅限于中央文官制度一部分。第二事即唐代职官乃承附北魏太和、高齐、杨隋之系统，而宇文氏之官制除极少数外，原非所因袭。开元时所修《六典》乃排比当时施行令式以合古书体裁，本为粉饰太平制礼作乐之一端，故其书在唐代行政上遂成为一种便于征引之类书，并非依其所托之《周官》体裁，以设官分职实施政事也。观其书编修之经过，即知不独唐代职官与《周礼》无关，且更可证明适得其反者。然则论者据《唐六典》一书竟谓唐代施政得《周官》之遗意者，殆由不能明悉唐代制度之系统渊源所致也。兹依时代先后，略述职官渊源流变之史料，而附以辩证焉。

《魏书》一一三《官氏志》略云：

自太祖至高祖初，其内外百官屡有减置，或事出当时，不为常目，如万骑、飞鸿、常忠、直意将军之徒是也。旧令亡失，无所依据。太和中，高祖诏群僚议定百官，著于令。

孝庄初，以尔朱荣有扶翼之功，拜柱国大将军，位在丞相上。

同书七下《高祖纪下》（《北史》三《魏本纪》同）略云：

太和十七年六月乙巳诏曰："远依往籍，近采时宜，作《职员令》二十一卷，权可付外施行，其有当局所疑而令文不载者，随事以闻，当更附之。"

十九年十二月乙未朔引见群臣于光极堂，宣示品令，为大选之始。

寅恪案：北魏在孝文帝太和制定官制以前，其官职名号华夷杂糅，不易详考，自太和改制以后，始得较详之记载，今见于魏收书《官氏志》所叙列者是也。《新唐书》五八《艺文志》史部职官类有《魏官品令》一卷，其书谅与太和十九年（495年）十二月朔宣示群臣之品令有关也。魏孝文之改制，即吸收南朝前期发展之文化，其事已于前论《礼仪》章考辨证明，兹不必详及。

《隋书》二六《百官志》序略云：

汉高祖除暴宁乱，轻刑约法，而职官之制，因于嬴氏，其间同异，抑亦可知。光武中兴，聿遵前绪，唯废丞相与御史大夫，而以三司综理众务。洎于叔世，事归台阁，论道之官，备员而已。魏、晋继及，大抵略同，爰及宋、齐，亦无改作。梁武受终，多循齐旧，然而定诸卿之位，各配四时，置戎秩之官，百有余号。陈氏继梁，不失旧物。高齐创业，亦遵后魏，台省位号，与江左稍殊，所有节文，备详于志。有周创据关右，日不暇给，洎乎克清江、汉，爰议宪章，酌酆镐之遗文，置六官以综务，详其典制，有可称焉。高祖践极，百度伊始，复废周官，还依汉、魏。唯以中书为内史，侍中为纳言，自余庶僚，颇有损益。炀帝嗣位，意在稽古，建官分职，率由旧章。大业三年，始行新令。于是三川定鼎，万国朝宗，衣冠文物，足为壮观。既而以人从欲，待下若雠，号令日改，官名月易。寻而南征不复，朝廷播迁，图籍注记，多从散逸。今之存录者，不能详备焉。

《新唐书》四六《百官志》序（《旧唐书》四二《职官志》序略同）略云：

唐之官制，其名号禄秩虽因时增损，而大抵皆沿隋故。其官司之别，曰省，曰台，曰寺，曰监，曰卫，曰府，各统其属，以分职定位。其辨贵贱，叙劳能，则有品、有爵、有勋、有阶，以时考核，而升降之，所以任群材、治百事。其为法则精而密，其施于事则简而易行，所以然者，由职有常守，而位有常员也。方唐之盛时，其制如此。

寅恪案：上引史文，不待解释，若能注意“高齐创业，亦遵后魏”“（隋）高祖践极……复废周官，还依汉、魏”及“唐之官制……大抵皆沿隋故”数语，则隋唐官制之系统渊源已得其要领。兹更依旧史之文，略诠论一二，以资参证，至前所谓忽视及误解之点，则于此章之末论之，庶于叙说较便也。

《隋书》二七《百官志》略云：

后齐制官，多循后魏。

寅恪案：高齐职官之承袭北魏，不待赘论，惟其尚书省五兵尚书之职掌及中书省所领进御之音乐诸官则与后来兵制及音乐有关，俟于后《音乐》章及《兵制》章详论之。

同书二八《百官志》：

（隋）高祖既受命，改周之六官，其所制名多依前代之法。

寅恪案：所谓前代之法即所谓汉魏之制，实则大抵自北魏太和传授北齐之制，此隋官制承北齐不承北周之一例证也。杜佑于《通典》二五《职官典·七·总论》“诸卿”条子注中论隋之改制颇为有识，其后宋人论《唐六典》其意亦同，其言当于下论《六典》时再详引之。杜氏注略云：

> 后周依《周礼》置六官，而年代短促，人情相习已久，不能革其视听，故隋氏复废六官，多依北齐之制。官职重设，庶务烦滞，加六尚书似周之六卿，又更别立寺监，则户部与太府分地官司徒职事，礼部与太常分春官宗伯职事，刑部与大理分秋官司寇职事，工部与将作分冬官司空职事。自余百司之任，多类于斯，欲求理要，实在简省。

寅恪案：杜君卿谓隋之职官多依北齐之制，自是确实。然尚有一事关于职官之选任者，初视之似为隋代创制，而唐复因之。实则亦北魏末年及北齐之遗习，不过隋承之，又加以普遍化而已。其事悉废汉以来州郡辟署僚佐之制，改归吏部铨授，乃中国政治史上中央集权之一大变革也。故不可不略考论之。

《隋书》二八《百官志》（《唐六典》三〇“刺史”条、《通典》三三《职官典》“乡官”条同）略云：

（开皇三年）旧周、齐州郡县职，自州都、郡县正已下，皆州郡将县令至而调用，理时事。至是不知时事，直谓之乡官。别置品官，皆吏部除授。

（开皇）十五年罢州县乡官。

同书七五《儒林传·刘炫传》略云：

（牛）弘又问："魏、齐之时，令史从容而已，今则不遑宁舍，其事何由？"炫对曰："……往者州唯置纲纪，郡置守丞，县唯令而已。其所具僚，则长官自辟，受诏赴任，每州不过数十。今则不然，大小之官，悉由吏部，纤介之迹，皆属考功。"

《通典》三三《职官典·总论》"县佐"条"汉有丞尉及诸曹掾"句下杜氏注云：

多以本郡人为之，三辅则兼用他郡，及隋氏革选，尽用他郡人。

寅恪案：若仅据此，似中央政府之吏部夺取地方政府州郡县令自辟之权，以及县佐之回避本郡，均始于隋代，然若就其他史料考之，则知殊不然也。如《北齐书》八《幼主纪》（《北史》八《齐本纪》同）略云：

帑藏空竭，乃赐诸佞幸卖官，或得郡两三，或得县六七，各分州郡，下逮乡官亦多降中旨，故有敕用州主簿、敕用郡功曹。

《通典》一四《选举典》略云：

其（汉代）州郡佐吏，自别驾、长史以下，皆刺史、太守自辟。历代因而不革。洎北齐武平中，后主失政，多有佞幸，乃赐其卖官，分占州郡，下及乡官，多降中旨，故有敕用州主簿、郡功曹者。自是之后，州郡辟士之权，浸移于朝廷。以故外吏不得精核，由此起也。

后周其刺史僚佐则自署，府官则命于朝廷。

（隋）牛弘为吏部尚书，高构为侍郎，最为称职。当时之制，尚书举其大者，侍郎铨其小者，则六品以下官吏咸吏部所掌。自是海内一命以上之官，州郡无复辟署矣。（原注云：自后魏末、北齐以来，州郡僚佐已多为吏部所授，至隋一切归在省司。）

寅恪案：北周刺史尚自署僚佐，而后魏、北齐州郡僚佐则已多为吏部所授，至隋一切归之省司，此隋代政治中央集权之特征，亦即其职官选任之制不因北周而承北齐之一例证也。

又《隋书》二八《百官志》略云：

高祖又采后周之制，置上柱国、柱国、上大将军、大将军、上开府仪同三司、开府仪同三司、上仪同三司、仪同三司、大都督、帅都督、都督，总十一等，以酬勤劳。

《唐六典》二四“左右卫大将军各一人，正三品”注略云：

自两汉至北齐，大将军位视三公；至隋，十二大将军直为武职，位左右台省之下，与右（近卫本考订云：“右”疑当作“古”）大将军但名号同，而统务别。

寅恪案：此为隋制之因于北周而不承北齐者，似为变例，然考所谓柱国大将军之号其实亦始于北魏之末年，而西魏北周承之，故隋采此制，可言祧北齐而承魏周。盖杨氏王业所基，别是一胡化系统，当于后《兵制》章详之，兹仅节录旧籍关于此名号之源流，以备参证，观者自能得之，可不详论也。如《周书》一六《侯莫陈崇传》后（《北史》六〇《王雄传》后、《通典》二八《职官典》“将军总叙”条及三四《职官典》“勋官”条俱略同）略云：

初，魏孝庄帝以尔朱荣有翊戴之功，拜荣柱国大将军，位在丞相上。荣败后，此官遂废。大统三年，魏文帝复以太祖建中兴之业，始命为之。其后功参佐命，望实俱重者，亦居此职。自大统十六年以前，任者凡有八人。太祖位总百揆，督中外军。魏广陵王欣，元氏懿戚，从容禁闼而已。此外六人，各督二大将军，分掌禁旅，当爪牙御侮之寄。当时荣盛，莫与为比。故今之称门阀者，咸推八柱国家云。今并十二大将军录之于左：

（上略。）

使持节、柱国大将军、大都督、大司马、河内郡开国公独孤信。

（下略。）

右与太祖为八柱国。

（上略。）

使持节、大将军、大都督、陈留郡开国公杨忠。

（下略。）

兹请言宇文泰模仿《周官》之事，先略引旧史之文有关于此者，然后再讨论之。

《周书》二《文帝纪》（《北史》九《周本纪》同）略云：

魏废帝三年春正月，始作九命之典，以叙内外官爵。以第一品为九命，第九品为一命，改流外品为九秩，亦以九为上。

魏恭帝三年春正月丁丑初行周礼，建六官。初太祖以汉魏官繁，思革前弊，大统中乃命苏绰，卢辩依周制改创其事，寻亦置六卿官，然为撰次未成，众务犹归台阁，至是始毕，乃命行之。

《北史》五《魏本纪》云：

（大统十四年）夏五月，以安定公宇文泰为太师，广陵王欣为太傅，太尉李弼为大宗伯，前太尉赵贵为大司寇，以司空于谨为大司空。

《通鉴》一六一《梁纪》“太清二年五月”载此事，胡注云：

宇文相魏，仿成周之制建官。

寅恪案：此即《周书》二《文帝纪》、《北史》九《魏本纪》所谓“大统中置六卿官”者也。

《周书》二四《卢辩传》（《北史》三〇《卢同传附辩传》略同）略云：

卢辩，字景宣，范阳涿人，累世儒学。辩少好学，博通经籍，举秀才，为太学博士。以《大戴礼》未有解诂，辩乃注之。其兄景裕为当时硕儒，谓辩曰："昔侍中注《小戴》，今尔注《大戴》，庶纂前修矣。"……太祖以辩有儒术，甚礼之。……自魏末离乱，孝武西迁，朝章礼度，湮坠咸尽。辩因时制宜，皆合轨度。性强记默契，能断大事，凡所创制，处之不疑。……初，太祖欲行《周官》，命苏绰专掌其事，未几而绰卒，乃令辩成之。于是依《周礼》建六官，置公、卿、大夫、士，并撰次朝仪，车服器用，多依古礼，革汉、魏之法，事并施行。……辩所述六官，太祖以魏恭帝三年始命行之，自兹厥后，世有损益。……于时虽行《周礼》，其内外众职，又兼用秦汉等官。今略举其名号及命数，附之于左：

柱国大将军、大将军。(右正九命。)

骠骑、车骑等大将军，开府、仪同三司，雍州牧。(右九命。)

骠骑、车骑等将军，左右光禄大夫，户三万以上州刺史。(右正八命。)

(下略。)

《隋书》二七《百官志》略云：

周太祖初据关内，官名未改魏号。及方隅粗定，改创章程，命尚书令卢辩，远师周之建职，置三公、三孤，以为论道之官；次置六卿，以分司庶务。……制度既毕，太祖以魏恭帝三年，始命行之。

观上所引旧载宇文泰模仿成周，创建官制之始末，亦可略知梗概。《周礼》一书，其真伪及著作年代问题古今说者多矣，大致为儒家依据旧资料加以系统理想化之伟作，盖托古改制而未尝实行者，则无疑义也。自西汉以来，模仿《周礼》建设制度，则新莽、周文帝、宋神宗，而略传会其名号者则武则天，四代而已。四者之中三为后人所讥笑，独宇文之制甚为前代史家所称道，至今日论史者尚复如此。夫评议其事之是非成败，本非本章之主旨及范围，故俱置不论。兹所言者，仅宇文泰模仿《周礼》创建制度之用心及其所以创建之制度之实质而已。

宇文泰凭借六镇一小部分之武力，割据关陇，与山东、江左鼎足而三，然以物质论，其人力、财富远不及高欢所辖之境域，固不待言；以文化言，则魏孝文以来之洛阳及洛阳之继承者邺都之典章制度，亦岂荒残僻陋之关陇所可相比。至于江左，则自晋室南迁以后，本神州文化正统之所在，况值梁武之时庾子山所谓“五十年间江表无事”之盛世乎？故宇文苟欲抗衡高氏及萧梁，除整军务农、力图富强等充实物质之政策外，必应别有精神上独立有自成一系统之文化政策，其作用既能文饰辅助其物质，即整军务农政策之进行，更可以维系其关陇辖境以内之胡汉诸族之人心，使其融合成为一家，以关陇地域为本位之坚强团体。此种关陇文化本位之政策，范围颇广，包括甚众，要言之，即阳传《周礼》经典制度之文，阴适关陇胡汉现状之实而已。其关系氏族郡望者，寅恪尝于考辨李唐氏族问题文中论之，如《李唐武周先世杂考》所引《隋书·经籍志》之文，即其确证之一也（见《中央研究院历史语言研究所集刊》第五本第二分）。约言之，西魏宇文泰改造汉人姓氏及郡望之政策分为二阶段：其先则改山东郡望为关陇郡望，且加以假托，使之与六镇发生关系；其后则径赐以胡姓，使继鲜卑部落之后。迨周末隋文帝恢复汉姓之时，大抵仅回至所改关陇郡望之第一阶段，如隋唐皇室之郡望仍称弘农陇西是也。关于北周隋唐人物之郡望，史家记载颇有分歧，如李弼一族，《周书》、新旧《唐书·李密传》及《新唐书·宰相世系表》俱属之辽东襄平，而《北史·李弼传》及魏征撰《李密墓志铭》则又皆以为陇西成纪人，究其所以纪述差异之故，盖由先后史家依据其恢复不同之阶段以立言所致，其余可以类推，未能一一于此详悉论列也。

又，与此关陇物质本位政策相关之府兵制，当于后《兵制》章详言之，于此不置论。兹举一史料可以阐发当日北朝东西分峙之情势者，以为例证。

《北齐书》二四《杜弼传》（《北史》五五《杜弼传》略同）略云：

> 弼以文武在位罕有廉洁，言之于高祖（高欢）。高祖曰："弼来，我语尔。天下浊乱，习俗已久，今督将家属多在

关西，黑獭常相招诱，人情去留未定，江东复有一吴儿老翁萧衍者，专事衣冠礼乐，中原士大夫望之，以为正朔所在。我若急作法网，不相饶借，恐督将尽投黑獭，士子悉奔萧衍，则人物流散，何以为国？”

观高欢之用心，即知当日分争鼎立之情势，不能不有维系人心之政策者矣。夫高欢所据之地，其富饶固能使武夫有所留恋，而邺都典章文物悉继太和洛阳之遗业，亦可令中原士族略得满足，至关陇之地则财富文化两俱不如，若勉强追随，将愈相形见绌，故利用关中士族如苏绰辈地方保守性之特长，又假借关中之本地姬周旧土，可以为名号，遂毅然决然舍弃模仿不能及之汉魏以来江左、山东之文化，而上拟《周官》之古制。苏绰既以地方性之特长创其始，卢辩复以习于礼制竟其业者，实此之由也。否则宇文出于边裔，汉化至浅，纵有政事之天才，宁具诗书之教泽，岂可与巨君介甫诸人儒化者相比并哉！然而其成败所以与新宋二代不同者，正以其并非徒泥《周官》之旧文，实仅利用其名号，以暗合其当日现状，故能收模仿之功用，而少滞格不通之弊害，终以出于一时之权宜，故创制未久，子孙已不能奉行，逐渐改移，还依汉魏之旧，如周宣帝露门元旦受朝贺时，君臣皆服汉魏衣冠，即可以证明，此事已于前《礼仪》章论之，兹再举一二事于下：

《周书》四《明帝纪》(《北史》九《周本纪》同)云:

> 武成元年秋八月己亥,改天王称皇帝,追尊文王为帝,大赦改元。

同书三五《崔猷传》(《北史》三二《崔挺传附猷传》略同)略云:

> 世宗即位,征拜御正中大夫,时依《周礼》称天王,又不建年号,猷以为世有浇淳,运有治乱,故帝王以之沿革,圣哲因时制宜。今天子称王,不足以威天下,请遵秦汉称皇帝,建年号。朝议从之。
>
> 世宗崩,遗诏立高祖,晋公护谓猷曰:"鲁国公禀性宽仁,太祖诸子之中,年又居长。今奉遵遗旨,翊戴为主,君以为何如?"猷对曰:"殷道尊尊,周道亲亲,今朝廷既尊《周礼》,无容辄违此义。"护曰:"天下事大,但恐毕公冲幼耳。"猷曰:"昔周公辅成王以朝诸侯,况明公亲贤莫二,若行周公之事,方为不负顾托。"事虽不行,当时称其守正。

寅恪案:周明帝世距始依《周礼》创建制度之时至近,即已改天王之号,遵秦汉称皇帝,盖民间习于皇帝之尊称已久,忽闻天王之名,诚如崔猷所言"不足以威天下",即不足以维持尊严之意，故不得不先改革之也。又宇文护不依《周礼》立子，而依殷礼立弟，亦不效周公辅成王者，所以适合当时现实之利害也。夫《周礼》原是文饰之具，故可不拘，宇文泰已如是，更何论宇文护乎？

《周书》二三《苏绰传》（《北史》六三《苏绰传》同）略云：

> 自有晋之季，文章竞为浮华，太子欲革其弊。因魏帝祭庙，群臣毕至，乃命绰为大诰，奏行之。自是之后文笔皆依此体。

《通鉴》一五九《梁纪·中》“大同十一年（即西魏文帝大统十一年）六月丁巳魏主飨太庙”条，胡注云：

> 宇文泰令苏绰仿《周书》作《大诰》，其文尚在，使当时文章皆依此体，亦非所以崇雅黜浮也。

《周书》二二《柳庆传》（《北史》六四《柳庆传》同）略云：

> （大统）十年，除尚书都兵，郎中如故，并领记室。时北雍州献白鹿，群臣欲草表陈贺。尚书苏绰谓庆曰：“近代以来，文章华靡，逮于江左，弥复轻薄。洛阳后进，祖述不

已。相公（宇文泰）柄民轨物，君职典文房，宜制此表，以革前弊。”庆操笔立成，辞兼文质。绰读而笑曰：“枳橘犹自可移，况才子也。”

寅恪案：苏绰作《大诰》在大统十一年。《周书》二《文帝纪》（《北史》九《魏本纪》同）载魏恭帝元年夏四月帝大飨群臣，太祖（宇文泰）因柳虬之责难，令太常卢辩作诰谕公卿，其文体固无异苏绰所作之《大诰》，但一检《周书》四《明帝纪》所载武成元年后之诏书，其体已渐同晋后之文，无复苏绰所仿周诰之形似，可知此种矫枉过正之伪体，一传之后，周室君臣即已不复遵用也。若更检《周书》，则见《明帝纪》所载武成元年前一岁九月丁未帝幸同州故宅，赋诗曰：

玉烛调秋气，金舆历旧宫。还如过白水，更似入新丰。霜潭渍晚菊，寒井落疏桐。举杯延故老，令闻歌大风。

则竟是南朝后期文士、北周羁旅累臣如庾义城、王石泉之语，此岂宇文泰、苏绰创造《大诰》文体时所及料者哉！

又近日论文者有以唐代贞元、元和古文运动乃远承北朝苏绰模仿古体之遗风者，鄙意其说甚与事实不合。盖唐代贞元、元和古文运动由于天宝乱后居留南方之文士对于当时政教之反动及民间俗体文之熏习，取古文之体，以试作小说，而卒底于成功者。此意尝于《论韩愈与唐代小说之关系》一文（见《哈佛亚细亚学报》第一期）中略发之，以其与本书无涉，故不多及也。

兹所举一二例已可证宇文泰摹古之制，身没未久，其子孙已不能遵用，而复返于汉魏，渐与山东、江左混同，至隋氏继其遗业，遂明显不疑，一扫而几尽去之。盖《周礼》本其一时权宜文饰之过渡工具，而非其基本霸业永久实质之所在。此点固当于《兵制》章详论之，然就职官一端，亦阐明此意，而知宇文所模仿之周制其实质究为如何也。

所谓周礼者乃托附于封建之制度也，其最要在行封国制，而不用郡县制，又其军队必略依《周礼·夏官·大司马》之文即大国三军、次国二军、小国一军之制。今据《周书》《北史·卢辩传》所载，不改从《周礼》而仍袭汉魏之官职，大抵为地方政府及领兵之武职，是宇文之依《周官》改制，大致亦仅限于中央政府之文官而已。其地方政府既仍袭用郡县制，封爵只为虚名，而不畀以土地、人民、政事，军事则用府兵番卫制，集大权于中央，其受封藩国者，何尝得具《周官》所谓大国三军、次国二军、小国一军之设置乎？

又《周书》二三《苏绰传》（《北史》六三《苏绰传》同）略云：

> 又为六条诏书，奏施行之。……其四，擢贤良，曰：“……今刺史守令，悉有僚吏，皆佐治之人也。刺史府官则命于天朝，其州吏以下，并牧守自置。自昔以来，州郡大

吏，但取门资……夫门资者，乃先世之爵禄，无妨子孙之愚瞽；……今之选举者，当不限资荫，唯在得人。苟得其人，自可起厮养而为卿相，伊尹、傅说是也，而况于州郡之职乎？苟非其人，则丹朱、商均虽帝王之胤，不能守百里之封，而况于公卿之胄乎？”

寅恪案：北朝自魏孝文以来，极力模仿南朝崇尚门第之制（见《魏书》六〇、《北史》四〇《韩麒麟传附显宗传》），而苏绰实亦即宇文泰不尚门资之论，其在当时诚为政治上一大反动。夫州郡僚吏之尚门资犹以为非，则其不能亦不欲实行成周封建之制，以分散其所获之政权，其事甚明，此宇文所以虽效《周礼》以建官，而地方政治仍用郡县之制，绝无成周封建之形似也。

又考《晋书》三九《荀勖传》略云：

时又议省州郡县半吏以赴农功，勖议以为：省吏不如省官，……若欲省官，私谓九寺可并于尚书，兰台宜省付三府。然施行历代，世之所习，是以久抱愚怀而不敢言。

然则汉魏以来中央政府职官重复，识者虽心知其非，只以世之所习而不敢言，宇文之改革模仿《周礼》托体甚高，实则仅实行其近代识者改革中央政府官制之议，而加以扩大，并改易其名，以符周制耳。宇文创建周官之实质及其限度如此，论史者不可不正确认识者也。

前所谓第二事即《唐六典》之性质，兹略加阐明。关于此书之施行问题，《四库全书》七九《史部·职官类·唐六典》提要已有正确之论断，近日本西京东方文化研究所《东方学报》第七册内藤乾吉氏复于其所著《就〈唐六典〉施用》一文详为引申，故《六典》一书在唐代施行之问题已大体解决，不必别更讨论。但寅恪此书主旨在说明唐代官制近承杨隋，远祖（北）魏、（北）齐而祧北周者，与《周官》绝无干涉，此事本甚易知，然世仍有惑于《六典》之形式，不明了其成书之原委，而生误会，遂谓其得《周官》遗意者，则与寅恪所持之说不合，因不得不略举史实，以为证明。虽所举材料不出四库馆臣所引之范围，但彼等所讨论者为《六典》施行与否之问题，寅恪所考辨者为唐代官制渊源系统之问题，主旨既别，材料即同，不妨引用也。

刘肃《大唐新语》九《著述类》［参《新唐书》五八《艺文志·史部·职官类》六典（三〇卷）注文及一三二《韦述传》，又程大昌《考古编》九“六典”条］云：

> 开元十年，玄宗诏书院撰《六典》以进。时张说为丽正学士，以其事委徐坚。沉吟岁余，谓人曰：“坚承乏，已曾七度修书，有凭准皆似不难，惟《六典》历年措思，未知所从。”说又令学士毋婴（煚）等，检前史职官，以今（令）式分入六司，以今朝《六典》，象《周官》之制。然用功艰

难，绵历数载。其后张九龄委陆善经，李林甫委苑咸，至二十六年，始奏上。百僚陈贺，迄今行之。

陈振孙《书录解题》六《职官类·唐六典》三〇卷（参晁公武《郡斋读书志》七《职官类》“唐六典”条）云：

题御撰，李林甫等奉敕注。按韦述《集贤记》注：开元十年，起居舍人陆坚被旨修《六典》，上手写白麻纸凡六条，曰理、教、礼、政、刑、事典，令以类相从，撰注以进。张说以其事委徐坚，思之历年，未知所适。又委毋煚、余钦、韦述，始以令式分入六司，象《周礼》六官之制，其沿革并入注。然用功艰难。其后张九龄又以委苑咸。二十六年奏草上，至今在书院，亦不行。（武英殿聚珍本原注：案《唐书·艺文志》，张说以其事委徐坚，经岁无规制，乃命毋煚、余钦、咸廙业、孙季良、韦述等参撰，及萧嵩知院，加刘郑兰、萧晟、卢若虚；张九龄知院，加陆善经；李林甫代九龄，加苑咸。委苑咸者，乃李林甫也。至云二十六年奏草上，考新旧《唐书》，九龄以二十四年罢政事，寻谪荆州。程大昌谓书成于九龄为相之日，当在二十四年。林甫注成奏进，当在二十七年。故是书卷首止列林甫，而不及九龄也。）

今按《新书·百官志》皆取此书，即太宗贞观六年所定官令也。《周官》六职视《周礼》六典，已有邦土、邦事之殊，不可考证。唐制内外官与周制迥然不同，而强名“六典”，可乎？善乎范太史祖禹之言曰：“既有太尉、司徒、司空，而又有尚书省，是政出于二也。既有尚书省，而又有九寺，是政出于三也。”（寅恪案：此上乃范祖禹《唐鉴》二武德七年论文。）本朝裕陵好观《六典》，元丰官制尽用之。中书造命，门下审覆，尚书奉行，机事往往留滞，上意颇以为悔云。

寅恪案：唐玄宗欲依《周礼》太宰六典之文，成唐六官之典，以文饰太平。帝王一时兴到之举，殆未尝详思唐代官制，近因（北）齐隋，远祖汉魏，与《周礼》之制全不相同，难强为傅会也。故以徐坚之学术经验，七次修书，独于此无从措手，后来修书学士不得已乃取唐代令式分入六司，勉强迁就，然犹用功历年，始得毕事。今观《六典》一书并未能将唐代职官之全体分而为六，以象《周礼》之制，仅取令式条文按其职掌所关，分别性质，约略归类而已。其书只每卷之首列叙官名员数同于《周礼》之序官，及尚书省六部之文模仿《周礼》，比较近似，至于其余部分，则《周礼》原无此职，而唐代实有其官，倘取之以强附古经，则非独真面之迥殊，亦弥感骈枝之可去。徐坚有见于此，是以无从措手，后来继任之人固明知其如是，但以奉诏修书，不能不敷衍塞责，即使为童牛角马、不今不古之书，亦有所不能顾，真计出无聊者也。由此言之，依据《唐六典》不徒不足以证明唐代现行官制合于《周礼》，且转能反证唐制与《周礼》其系统及实质绝无关涉，而此反证乃本书主旨之所在也。

又治史者若有因披览《六典》尚书省六部职掌之文，而招现一种唐制实得《周礼》遗意之幻觉者，盖由眩惑于名号所致，兹不欲详辨，仅移写唐儒论武曌改制之言于此，亦可以理惑破幻矣。

《唐会要》五七“尚书省分行次第”条云：

> 武德令吏、礼、兵、民、刑、工等部。贞观令吏、礼、民、兵、刑、工等部。光宅元年九月五日，改为六官，准周礼分，即今之次第乃是也。

《通典》二三《职官五》“吏部尚书”条“周礼天官，太宰掌建邦之六典，以佐王理邦国”下注云：

> 变冢言太者，进退异名也。百官总焉，则谓之冢宰；列职于王，则谓之太宰。宰，主也。……周公居摄，而作六典之职，以佐王理邦国。汉成帝初，分尚书，置四曹，盖因事设员，以司其务，非拟于古制也。至光武，乃分为六曹。迄于魏晋，或五或六，亦随宜施制，无有常典。自宋齐以来，多定为六曹，稍似《周礼》。至隋六部，其制益明。大唐武太后遂以吏部为天官，户部为地官，礼部为春官，兵部为夏

官，刑部为秋官，工部为冬官，以承周六官之制。若参详古今，征考职任，则天官太宰当为尚书令，非吏部之任。今吏部之始，宜出于夏官之司士云。

大唐二元帝国 雷海宗

一　疆土

唐代盛时，中国文化的地域完全统一，属国与半属国也达到汉所未达到的疆界。唐太宗时“其地东极海，西至焉耆，南尽林州（今越南境）南境，北接薛延陀界。凡东西九千五百一十里，南北万六千九百一十八里”（《旧唐书·地理志一》）。到唐玄宗“开元、天宝之际，东至安东，西至安西，南至日南（今越南境），北至单于府”（《新唐书·地理志》）。其疆域超过西汉盛期，是当时世界上版图最大、势力最强的帝国。

与汉代匈奴地位相等的突厥，不久就为唐所解决。唐朝初建之时，突厥曾一度构成了相当大的威胁，唐自太宗以来就一直采取积极的进取政策，团结突厥的一部分和其他民族，驱逐突厥势力以维护唐朝的安全。直到天宝四载（745年），回纥怀仁可汗兵击突厥，杀白盾可汗，后突厥汗国灭亡。突厥人，一部分归附唐朝，一部分迁中亚，大部分转入回纥国。

甚至中国实力绝难达到的地方，一半靠大唐的威名，一半靠一两位冒险家的勇敢，也居然令其感觉到大唐的可畏。如我们今天耳熟能详的“唐三藏”——玄奘高僧，远赴天竺（印度），就将唐太宗的事迹散布到那里。《西游记》中提到唐僧西行到一些小国，凭“大唐”的文牒多半畅通无阻并受到相当礼遇，也并非完全虚构。

大唐帝国可说是二元性的，天子对内为皇帝，对外为天可汗，虽然不能说内外完全平等，但不似过去与未来各帝国的过度内中国而外夷狄。唐太宗就曾说过“自古皆贵中华，贱夷狄，朕独爱之如一”的话。

二　外蕃之威抚与恩抚

唐对外蕃恩威并施。威抚的方法为设置羁縻府州与都护府。恩抚的方法为通商，鼓励外蕃子弟留学中国与外蕃的中国化，藩属人才的擢用，四方宗教的放任、保护与和亲。因回纥信仰摩尼教（明教），所以唐朝为笼络回纥也放任摩尼教在唐朝的传播。摩尼教的寺庙在唐朝各地的兴建也曾有相当规模。后回纥式微，且摩尼教带来许多社会不稳定因素，所以唐统治者立刻改弦更张，弹压摩尼教。

和亲也可说是一种间接同化外蕃的方法。著名的文成公主入吐蕃，就是唐朝和亲政策成功的典型代表。

三　内政

除历史的时机成熟之外，唐太宗个人可说是唐所以为唐的主要原因。他是文武全才的人物，性情仁恕，最少肯行仁恕的政策，并且对各种人才都善于笼络任用。所以后世的人把“贞观之治”理想化，并非无因。玄宗继承前业，大致仍能维持盛时的旧状，但衰微的征兆渐渐明显。

玄宗于开元年间开创盛世不免志得意满，大抵骄横之主多不喜逆耳之忠言。在这点上，玄宗与太宗相比，少了很多虚怀若谷的胸襟。早先帮助玄宗开创盛世的张九龄、韩休等被他逐渐疏远，所谓“宫殿千门白昼开，三郎沉醉打球回。九龄已老韩休死，明日应无谏疏来”，就是对玄宗晚年怠政贪玩的真实写照。“亲小人，远贤臣”永远是昏君亡国的重要因素，张九龄等“贤人”离去后，自然有口蜜腹剑之李林甫和杨国忠等人围在玄宗的身旁，于是朝政越发混乱。

衰乱的引线就是自汉以下皇帝政治所永难避免的女祸——宫闱不正。不过，杨贵妃再有倾城之貌、倾国之姿，也终不至于是所谓的“红颜祸水”，祸国殃民。“马嵬驿兵变”也只不过是一场借诛杀杨氏而进行的争权夺利的斗争。可怜杨贵妃，成了主政者李隆基自己堕落导致山河破碎的替罪羊。

隋唐宗教 雷海宗

一　教会

南北朝以下，佛教大盛。隋唐虽又将长期分裂的天下统一，皇帝虽又恢复秦汉盛时的独尊地位，但仍感到佛教势力太大，不得不加以限制管理。唐武宗会昌年间（841—846年）下令灭佛，“其天下所拆寺四千六百余所，还俗僧尼二十六万五百人，收充两税户，拆招提、兰若四万余所。收膏腴上田数千万顷（数字有误差），收奴婢为两税户十五万人”（《隋书·经籍志四》），使佛教势力遭到空前沉重的打击。

隋唐时代佛教在中国已完全达到独立发展的程度，但仍有人往印度去吸收新的经典与经说。佛教在唐朝的发展，表现在大量佛经被翻译过来，通过对佛经的钻研，中国佛学的水平超过了佛教的诞生地印度，其重要标志便是贞观年间玄奘在天竺曲女城大会的胜利。同时，经过从东汉至南北朝的发展，佛教已经中国化了。由于新的佛经不断传入和大量翻译，以及人们对教义的不同理解，至唐朝逐渐形成了许多佛教宗派。当时的主要教派有：崇奉《法华经》的“天台宗”，又名“法华宗”；以玄奘为代表的

“法相宗”；法藏所创的“华严宗”，以阐释发扬《华严经》而得名；专迷信法术的“密宗”；主张专心念佛即可得救的“净土宗”等。

唐为牵制深入人心的佛教势力，就极力地推崇凑巧也姓李的老子，以附会老子成立的道教。道教尊奉老子李耳为教主，因唐朝皇帝姓李，所以，从李渊起，便以教主后裔自居，而积极扶植道教，力图借助神权来巩固其统治。唐高宗乾封元年（666年），尊老子为太上玄元皇帝，唐玄宗即位后，自称梦中见到老子，便画老子像颁于天下，并令王公以下官员贵戚习诵《老子》，又封庄子为南华真人，文子为通玄真人，列子为冲虚真人，庚桑子为洞灵真人，以壮大道教势力。唐武宗采取灭佛措施，独尊道教，奉道士赵归真为师，在宫中设道场。从此以后，最少在一般人民外表的宗教生活上，如疾病生死、吉凶祸福的仪节之类，释、老二教处在平等的地位。

二　宗教

唐朝真正的宗教仍是佛教，道教不过是靠国家势力所扶持而成的与佛教并行的一个教会，也可说是旧的文化对外来势力始终反抗的一种表现。由宗教方面看，净土宗就是佛教。天堂乐土的信仰是这个宗教的基础。佛教普度众生的慈悲理想由净土宗发挥到最高的限度。所有的人，由最善的人到极恶的人，都可靠他力而升天堂。

善果的净土有它的反面，就是恶业的地狱以及饿鬼畜生诸恶道。专靠己方，堕入恶道的机会总比前往净土的机会多出不知若干倍，但慈悲的佛教为所有的人都设有简便的出路，甚至连无亲无告的受恶道痛苦的人也有解脱的方法。

三　佛学

经过南北朝的辩教之后，隋唐的思想界就成了佛学的天下。佛学各派中对后代思想发展影响最深的恐怕要算禅宗，内容包含最广的要数华严宗。

“禅宗”起于北魏末，始祖达摩，至唐前期分为南北两派。禅宗五祖弘忍有两大弟子：神秀创立北宗，慧能创立南宗。慧能认为佛在心内，不在心外，只要净心自悟，不必苦修，不必背诵大量经卷，便可顿悟成佛。弘忍认为慧能真正悟道，便传衣钵给慧能，从此禅宗分成南北两派。慧能的顿悟说，是简单速成的办法，这种廉价进入天堂的方法，可使人们空虚的灵魂得到寄托。这样，南宗战胜了北宗，得到了广泛的流传。到唐后期，它几乎取代了佛教的所有宗派，垄断了佛坛。

四　唐诗中之哲学

唐时佛理浸透人心，大唐文化结晶的唐诗中充满了时间无限、空间无限、人类渺小轻微的观念。如李白诗中便有“生者为过客，死者为归人”之句。但这并不是悲观。人虽微小，却是宇宙所必不可无的。若无人，宇宙就不成其为宇宙。人与无限的宇宙不可分离，甚至化而为一，这可说是诗人的明心见性与顿悟成佛。除上下四方古往今来的一切都可提示这种玄妙外，深山隐士最易明了这个道理，古寺钟声最足使人体会这种不可言传的神秘。如唐代诗人常建便在禅院中写下“清晨入古寺，初日照高林。曲径通幽处，禅房花木深。山光悦鸟性，潭影空人心。万籁此俱寂，但余钟磬音”的诗句。

二元帝国之灭亡 雷海宗

一 外患频仍

安史之乱靠回纥的协助，方得平服。中国自己渐无可用之兵，外族的势力日愈强大。回纥与吐蕃相继扰乱西北边地以至内地。安史之乱后，唐朝国力削弱，吐蕃完全控制了西域，夺去了河西、陇右地区。广德元年（763年），吐蕃一度攻陷长安，其国力达到鼎盛阶段。虽然回纥曾多次帮助唐军平定内外忧患，不过唐朝势力衰微之后，回纥也看见了可乘之机，遂在叛将仆固怀恩的引导下进攻唐朝。幸亏名将郭子仪凭借其在回纥兵中的声望加以阻止，回纥才班师北还。此后，回纥不时蚕食唐朝边土，唐政府也疲于应付。

西南边外藐小的南诏，中国也感觉到无从应付。天宝年间，唐军就曾三败于南诏，被南诏夺取了不少土地。大唐天可汗的藩属实际上完全丧失，从此以后二元帝国也永未恢复。

二 藩镇

安史之乱平定之后，降将功臣都任节度使，地盘私相授受，实际已成割据的局面。最先成为藩镇的是安史降将：张忠志（李宝臣）任成德节度使，治恒州（今河北正定）；田承嗣为魏博节度使，治魏州（今河北大名）；李怀仙为卢龙节度使，治幽州（今北京）。这就是著名的河北三镇。他们表面上尊奉朝廷，而实际上各拥强兵，自署将吏，自收赋税，而不入朝廷，成为割据一方的军事政治势力。节度使的职位也往往是父死子继、兄终弟及，或由部下拥立，唐朝廷只能事后追认。除河北三镇外，重要的藩镇还有淄青镇，治青州（今山东益都[①]）；淮西镇，治蔡州（今河南汝南）；宣武镇，治汴州（今河南开封）；泽潞镇，治潞州（今山西长治）；沧景镇，治沧州（今属河北）。他们仿效河北三镇，专横跋扈，割据称雄。这些藩镇之间也经常找借口互相攻伐吞并，更有甚者公然反抗朝廷。藩镇“喜则连横而叛上，怒则以力而相拼”（《旧唐书·田承嗣传》），使唐后期的政局极为动荡不安。

藩镇是后来唐室灭亡的主因之一。黄巢起义虽使唐朝奄奄一息，但并未就此崩塌，最终给唐朝以致命一击的，是藩镇朱温。

三　宦官与禁军

宦官弄权，是唐亡的第二个原因。地方的兵既已都归藩镇，中央的禁军又渐渐由宦官把持。唐肃宗时，宦官李辅国以拥立有功，而内掌玉符，外管禁军。唐代宗时宦官程元振、鱼朝恩相继

① 益都：今山东省青州市。

掌禁军。唐德宗时，设神策军护军中尉二人、中护军二人，全由宦官充任，统率左右神策军、天威军等禁军。从此，宦官典掌禁军成为定制。所以无论中央与地方的实权，都不在皇帝手中。朝中制定国策、进退将相大臣，甚至皇帝的生杀废立都操纵在宦官手中。唐后期的皇帝，顺宗、宪宗、敬宗均死于宦官之手，穆宗、文宗、武宗、宣宗、懿宗、僖宗、昭宗都是由宦官拥立的。

四　财政紊乱、起义军兴起与唐之灭亡

法制破裂之后，财政必然紊乱；民生困难，起义军起伏无定。唐懿宗即位不久，大中十三年（859年）十二月，就爆发了裘甫领导的浙东农民起义。咸通九年（868年），又爆发了庞勋领导的桂州戍卒兵变，他们向北，直攻入徐州。大批农民加入，使兵变转变为农民起义，并控制了淮北、淮南广大地区，起义队伍发展到二十万人。庞勋起义，从桂林北上，进行流动作战，对黄巢领导的唐末农民大起义有着重大的影响。

起义军利用《推背图》式的谶文煽惑人心。懿宗年间，曹州（今山东定陶西）流传歌谣："金色虾蟆争怒眼，翻却曹州天下反。"（《旧唐书·黄巢传》）这也是秦汉以下的惯例。

黄巢之乱把二元帝国所残留的一点规模也完全打破。黄巢起义军从数千人发展到六十余万，转战南北，横扫大半个中国。起义军虽被镇压，唐朝也从此一蹶不振，名存实亡。末世的皇帝虽想振作，也无济于事。

在唐末的大乱中，有一个外族一方面防止混乱，一方面又

增进混乱，这就是沙陀。沙陀族是突厥别支。唐末之时，沙陀族士兵帮助唐朝抵挡了许多内忧外患。沙陀贵族李克用曾帮助唐军镇压黄巢，不过后遭朱温暗算，其势力也不如朱温。李克用病死后，其子李存勖立志灭朱温，不过志成之后却宠信伶人，最后身亡。五代十国中，后唐、后晋、后汉的建立者均为沙陀人。

五　五代十国

天宝乱后的割据局面最后表面化，就是所谓五代十国时代。五代是指后梁、后唐、后晋、后汉、后周五个次第更迭的中原政权；十国是指前蜀、后蜀、吴、南唐、吴越、闽、楚、南汉、南平（荆南）、北汉等十几个割据政权，十国乃称其“大”者，实际上还有不少割据政权。

在这种大混乱中，东北的国防要地就丧失于契丹。公元907年，契丹迭剌部的首领耶律阿保机统一各部取代痕德堇即可汗位。公元916年，耶律阿保机称帝，建立了契丹国。公元925年，耶律阿保机亲率兵征服渤海国，改渤海国名为东丹国，册立皇太子耶律倍为东丹国王。公元938年，后晋石敬瑭把燕云十六州的土地和人民割让给契丹。因燕云十六州地形险要，是中原抵御北方民族入侵的屏障，燕云要地一失，契丹兵便可长驱直入。

此外尚有两种无形而非常重要的变化，就是政治重心的东移与印刷术大规模应用的成功。长安经安史之乱的破坏和此后的历次战乱已经破败不堪，而由于大运河的开凿，洛阳作为运河的中点显得越发重要。特别是北方农业被战争破坏后，农田已经养不起北方的人民。因此，依靠运河而自南方运来的粮食就越来越重要。早在隋朝时，洛阳就是“东都”；唐朝时，洛阳也是重要的第二都城。唐末朱温将唐昭宗掳到洛阳，将都城东迁。后晋以后直到北宋，中原王朝的政治中心又东移到开封。隋唐时，雕版印刷术已大规模运用，多印刷佛经、日历等与百姓日常生活息息相关的印刷品。到五代十国时期，雕版印刷品已经“流布天下，后进赖之”（《旧五代史·冯道传》）。

新儒学与复古运动 雷海宗

一　背景

魏晋以下儒教消沉，佛教几乎占据了全部的精神领域。但汉武帝所完成的政治规模，与儒经有不可分离的关系，所以后代无论如何尊崇释老，孔子的地位也不能完全抹杀。

隋文帝开皇九年（589年），统一全国。文帝虽好释佛，但曾一度“超擢奇隽，厚赏诸儒，京邑达乎四方，皆启黉校”（《隋书·儒林传》）。炀帝“征天下儒术之士，悉集内史省，相次讲论”（《隋书·儒林传》），“复开庠序、国子郡县之学，盛于开皇之初”（《隋书·褚辉传》）。“以《三礼》学称于江南”的吴郡人褚辉、“明《尚书》《春秋》”的余杭人顾彪、“撰《毛诗章句义疏》四十二卷”的余杭人鲁世达，均被征召。

旧的中国虽已成过去，古典文化的基础却未完全推翻。隋代已有人以新的孔子自居，这可说是二百年后新儒教复古运动的预兆。

二　武宗废浮屠与韩愈辟佛老

唐代末期，由于财政的原因（因为寺院经济恶性膨胀，僧侣享有免租税，不服兵、徭役的特权，他们利用这些特权与世俗地主争夺地租和劳动力）和文化潮流的转变，发生了所谓“三武之祸”的第三次，也是最严重的一次。

“三武”指北魏太武帝拓跋焘、北周武帝宇文邕、唐武宗李炎。唐代后期，由于佛教寺院土地不输课税，僧侣免除赋役，佛教寺院经济过分扩张，损害了国库收入，与普通地主也存在着矛盾。唐武宗崇信道教，深恶佛教，会昌年间又因讨伐泽潞，财政急需，在道士赵归真的鼓动和李德裕的支持下，于会昌五年（845年）四月，下令清查天下寺院及僧侣人数。八月，令天下诸寺限期拆毁；拆天下寺四千六百余所，兰若（私立的僧居）四万所。拆下来的寺院材料用来修缮政府廨驿，金银佛像上交国库，铁像用来铸造农器，铜像及钟、磬用来铸钱。唐政府从废佛运动中得到大量财物、土地和纳税户。唐武宗灭佛在中华佛教史上被称为“会昌法难”。

佛教会在财富与人力上受了绝大的打击，此后永未恢复旧有的地位。但较皇帝势力尤大的却是韩愈一流人辟释老尊周孔的热烈宣传。这种复古的新儒教需要一种新的文字，就是也带复古色彩的古文。

韩愈认为“天命圣人来为民君师，以仁义来教化人民”，建立起理想的秩序，称之为“道”。他还认为，尧、舜、禹、汤、文、武、周公、孔子、孟子递相传授，这同佛教传法一样，但儒家道统传到孟子便中断了。韩愈认为，自己当仁不让要继承这个道统，“使其道由愈而粗传”（《全唐文·论佛骨表》）。“古文”这一概念由韩愈最先提出。他把六朝以来讲求声律及辞藻、排偶的骈文视为俗下文字，认为自己的散文继承了先秦两汉文章的传统，所以称“古文”。韩愈提倡古文，目的在于恢复古代的儒学道统，将改革文风与复兴儒学变为相辅相成的运动。

三　李翱

如果韩愈是新儒教的宣传家，李翱可说是新儒教的哲学家。他与名僧来往甚密，但谈到思想的差别上他却毫不客气。然而李翱实际上是自欺的，他的思想不过是改头换面的见性成佛论。他的学说中有很大一部分来自佛学，特别是佛教禅宗的理论。李翱任朗州刺史时，有赠禅宗僧侣药山惟俨诗二首，其中有“我来问道无余说，云在青天水在瓶”之句。他在心性方面吸收佛教的学说，尝试创立一套新的心性论，以发展儒学，弥补儒学在这方面的不足。他的理论成就主要体现在其《复性书》中。

多民族政权的并立及统一与衰败——辽宋夏金元

1937
—
1946

宋朝的开国和开国规模 张荫麟

一

后周世宗以三十四岁的英年，抱着统一中国的雄心，而即帝位。他即位不到一个月，北汉主刘崇联合契丹入寇，他便要去亲征。做了四朝元老的长乐老冯道极力谏阻。世宗说：从前唐太宗创业，不是常常亲征的吗？我怕什么？冯道却说：唐太宗是不可轻易学的。世宗又说：刘崇乌合之众，王师一加，便好比泰山压卵。冯道却怀疑道：不知道陛下作得泰山吗？世宗看他的老面，不便发作，只不理睬，径自决定亲征。周军在高平（即今山西高平）遇到敌人。两军才开始交锋，周军的右翼不战而遁，左翼亦受牵动，眼见全军就要瓦解。世宗亲自骑马赶上前线督战，并且领队冲锋，周军因而复振，反把敌军击溃，杀到僵尸弃甲满填山谷。在凯旋道中，世宗齐集将校，大排筵席来庆祝，那些临阵先逃的将校也行无所事地在座。世宗突然声数他们的罪状，喝令他们跪下受刑。说着，壮士们便动手，把七十多个将校霎时斩讫，然后论功行赏。接着他率军乘胜直取太原，却无功而还。

经这一役，世宗深深感觉到他的军队的不健全。回到汴京后不久，便着手整军。这里我们应当略述后周的军制。像唐末以来一般，这时州郡兵为藩镇所私有，皇室不能轻易调遣。皇室所有的军队即所谓禁军。禁军分为两部：一，殿前军；二，侍卫亲军。两部之上，不置总帅。侍卫亲军虽名为亲，其实比较和皇帝亲近的却是殿前军，侍卫亲军分马、步两军，而殿前军则无这样的分别；大约前者是量多于后者，而后者则质优于前者。世宗一方面改编全部禁军，汰弱留强；一方面向国内各地招募豪杰，不拘良民或草寇，以充实禁军。他把应募的召集到阙下，亲自试阅，挑选武艺特别出众、身材特别魁伟的，都拨入殿前军。

世宗不独具有军事的天才，也具有政治的头脑。他奖励垦荒，均定田赋；他曾为经济的理由，废除国内大部分的寺院，并迫令大部分的僧道还俗。他以雷霆的威力推行他的政令，虽贤能有功的人也每因小过而被戮，但他并不师心自用。他在即位次年的《求言诏》中甚至有这样的反省：“自临宸极，已过周星。至于刑政取舍之间，国家措置之事，岂能尽是？须有未周。朕犹自知，人岂不察？而在位者未有一人指朕躬之过失，食禄者曾无一言论时政之是非！”他又曾令近臣二十余人，各作《为君难为臣不易论》一篇和《平边策》一篇，供他省览。“平边”是他一生的大愿。可惜他的平边事业只做到南取南唐的淮南江北之地，西取后蜀的秦、凤、阶、成四州，北从契丹收复瀛、莫二州，便赍志而殁，在位还不到六年，遗下二个七岁以下的幼儿和臣下对他威过于恩的感想。

世宗死于显德六年（959年）六月，在临死的一星期内，他把朝内外重要的文武职官，大加更动。更动的经过，这里不必详述，单讲他对禁军的措置。殿前军的最高长官是正副都点检，其次是都指挥使。侍卫亲军的最高长官是正副都指挥使；其次是都虞候。世宗对禁军要职的最后“人事异动”，可用表显示如下：

职位		原任	更定	附注
殿前军	都点检	张永德	赵匡胤	此据《旧五代史·周恭帝纪》，《宋史》本传误
	副都点检	慕容延钊	慕容延钊	
	都指挥使	赵匡胤	石守信	
侍卫军	都指挥使	李重进	李重进	
	副都指挥使	未详（或缺员）	韩通	
	都虞候	韩通		

其中最可注意的是张永德的解除兵柄和赵匡胤的超擢。张永德是周太祖的驸马（世宗是周太祖的内侄兼养子），智勇善战，声望久隆，显然世宗不放心他。赵匡胤是洛阳人，与其父弘殷俱出身投军校，在周太祖时，已同隶禁军。高平之役，匡胤始露头角，旋拜殿前都虞候；其后二年，以从征淮南功，始升殿前都指挥使。他虽然年纪略长于张永德（世宗死时匡胤三十四岁），勋

望却远在永德之下。但他至少有以下的几件事，给世宗很深的印象。他从征淮南时，有一次驻兵某城。半夜，他的父亲率兵来到城下，传令开城。他说："父子固然是至亲，但城门的启闭乃是王事。"一直让他的父亲等到天亮。从征淮南后，有人告他偷运了几车财宝回来，世宗派人去检查，打开箱笼，尽是书籍，一共有几千卷，此外更无他物。原来他为人沉默寡言，嗜好淡薄，只是爱书，在军中是时常手不释卷的。南唐对后周称臣讲好后，想离间世宗对他的信任，尝派人送他白银三千两，他全数缴呈内府。从殿前都点检的破格超升，可见在这"易君如置棋"的时代，世宗替他身后的七岁幼儿打算，认为在军界中再没有比赵匡胤更忠实可靠的人了。

二

世宗死后半年，在显德七年的元旦，朝廷忽然接到北边的奏报，说北汉又联合契丹入寇。怎样应付呢？禁军的四巨头中，李重进（侍卫都指挥使，周太祖的外甥）是时已领兵出镇扬州；绰号"韩瞠眼"的韩通（侍卫副都指挥使）虽然对皇室特别忠勤，却是一个毫无智谋的老粗，难以独当一面。宰相范质等不假思索，便决定派赵匡胤和慕容延钊（副都点检）出去御敌。

初二日，慕容延钊领前锋先行。是日，都城中突然喧传明天大军出发的时候，就要册立赵点检做天子。但有智识的人多认为这是无根的谣言。先前也有人上书给范质说赵匡胤不稳，要加提防。韩通的儿子，绰号“韩橐驼”的，也劝乃父及早设法把赵匡胤除掉。但是他做都点检才半年，毫无不臣的痕迹，谁能以小人之心度君子之腹呢？但这一天不知从何而来的关于他的谣言，却布遍了都城，有钱的人家纷纷搬运细软，出城躲避。他们怕什么？稍为年长的人都记得：恰恰十年前，也是北边奏报契丹入寇，也是派兵出征。约莫一个月后，出征的军队掉头回来，统兵的人就做了皇帝（即周太祖）。他给部下放了三天假，整个都城几乎被抢掠一空。现在旧戏又要重演了罢？

初三日，赵匡胤领大军出发。城中安然无事，谣言平息。

初四日上午，出发的军队竟回城了！谣言竟成事实了！据说队伍到了陈桥，当天晚上军士忽然哗变，非要赵点检做天子不可，他只得将就。但出乎大家意料之外的，这回军士却严守秩序，秋毫无犯。在整个变局中，都城里只发生过一次小小的暴行。是日早朝还未散，韩通在内庭闻变，仓皇奔跑回家，打算调兵抵抗，半路给一个军校追逐着，才到家，来不及关门便被杀死；那军校把他全家也屠杀了。都城中已没有赵匡胤的敌人了。一切仪文从略。是日傍晚，赵匡胤即皇帝位。因为他曾领过宋州节度使的职衔，定国号为宋；他便是宋太祖。

在外的后周将帅中，不附宋太祖的，唯有镇守扬州一带的李重进和镇守潞州一带的李筠。四月，李筠结合北汉（占今山西全省除东南隅及雁门关以北）首先发难。李重进闻讯，派人去和他联络，准备响应。那位使人却偷到汴京，把扬州方面的虚实告诉了宋太祖，并受了密旨，回去力劝重进不可轻举。重进听信了他，按兵不动。北汉和后周原是死对头，而李筠口口声声忠于后周，双方貌合神离。他又不肯用谋士的计策：急行乘虚西出怀孟，占领洛阳为根据，以争天下；却困守一隅，坐待挨打。结果，不到三个月，兵败城破，赴火而死。九月，李重进在进退两难的情势下勉强起兵。他求援于南唐，南唐反把他的请求报告宋朝。他还未发动，亲信已有跳城归宋的。他在狐疑中，不问皂白，把三十多个将校一时杀掉。三个月内，扬州也陷落，他举家自焚而死。

三

宋太祖既统一了后周的领土，进一步便着手统一中国。是时在中国境内割据自主的区域，除宋以外大小有八，兹按其后来归入宋朝的次序，列表如下：

区域	今地	统治者名义	入宋年
荆南	湖北江陵以西及四川峡道	宋荆南节度使	963年
湖南	略当湖南省	宋武平节度使	963年
蜀	四川省除峡道	称帝	965年
南汉	两广全部及湖南一部分	称帝	966年
南唐	苏皖的长江以南区、湖北东南部（包武昌）、江西全部及福建西部	称唐主，奉宋正朔	975年

（续表）

区域	今地	统治者名义	入宋年
闽南	福建漳泉一带	唐清源节度使	978年
吴越	浙江全部、福建东北部及江苏苏松区	称吴越王，奉宋正朔	978年
北汉	山西全省除东南隅及雁门关以北	称帝	979年

太祖的统一工作，大致上遵守着“图难于其易”的原则。荆南、湖南皆地狭兵寡，不足以抗拒北朝，过去只因中原多故，或因北朝把它们置作后图，所以暂得苟全。太祖却首先向它们下手。他乘湖南内乱，遣军假道荆南去讨伐，宋军既到了荆南，却先把它灭掉，然后下湖南，既定两湖，便西溯长江，南下阁道，两路取蜀，蜀主孟昶是一纨绔少年，他的溺器也用七宝装成。他的命运，可用他的一个爱妃（花蕊夫人）的一首诗来交代：

君王城上竖降旗，妾在深宫那得知！
十四万人齐解甲，宁无一个是男儿？

这些解甲的军士中，至少有二万七千被屠，而宋兵入蜀的只有三万。次取南汉。南汉主刘𬬮比孟昶更糟，是一变态的糊涂虫，成日家只在后宫同波斯女之类胡缠，国事委托给宦官；仅有的一二忠臣良将，因随便的几句谗言，便重则族诛，轻则赐死。他最后的办法是把珍宝和妃嫔载入巨舶，准备浮海。这些巨舶却给宦官盗走，他只得素衣白马，叩首乞降。次合吴越夹攻南唐。南唐主李煜是一绝世的艺术天才。在中国文学史中，五代是词的时代，而李煜（即李后主）的词，凄清婉丽，纯粹自然，为五代冠。读者在任何词的选本中都可以碰到他的作品。他不独爱文学，也爱音乐、书画，以及其他一切雅玩，也爱佛理，更爱女人。在一切这些爱好的沉溺中，军事、政治、俗务的照顾，只是他的余力之余了。他遇着宋太祖，正是秀才遇着兵，其命运无待龟蓍。以下是他在被俘入汴途中所作的词：

帘外雨潺潺，春意阑珊。罗衾不耐五更寒。梦里不知身是客，一晌贪欢。

独自莫凭栏！无限江山，别时容易见时难。流水落花春去也，天上人间！

和李煜的文雅相称，宋军在南唐也最文明，至少在它的都城（今南京）是如此。“曹彬下江南，不妄杀一人”，历史上传为美谈。但江州城（今九江）为李煜坚守不降，后来陷落，全城被屠，横尸三万七千。

南唐亡后次年，太祖便死，寿仅五十，遗下吴越、闽南和北汉的收拾工作给他的继承者——他的胞弟赵匡义，即宋太宗。吴越王钱俶一向以对宋的恭顺和贿赂做他的地位的保障。

南唐亡后，他亲自入朝。临归太祖交给他一个黄包袱，嘱咐他，在路上拆看。及拆阅，尽是群臣请扣留他的奏章。他为之感激涕零。太宗即位后，他又来朝，适值闽南的割据者自动把土地献纳，他恐惧，上表，请除去王号和其他种种优礼，同时求归。这回却归不得了！他只得照闽南的办法，也把土地献纳。最后，宋朝可以用全副精神和全部力量图谋北汉了。北汉地域虽小，却是一个顽敌，因它背后有契丹的支持。自从太祖即位以来，它曾屡次东侵，太祖也曾屡加讨伐——有二次兵临太原（北汉都城）城下。其中一次，太祖并且亲征。但太祖终于把它放过了。太祖是有意暂时放过它的。他有这样的考虑：北汉北接契丹，西接西夏。北汉本身并不怎样可怕，它存在，还可以替宋朝作西北的缓冲；它若亡，宋朝和这两大敌的接触面便大大增加，那是国防上一个难题。但这难题可暂避而不能终免。吴越归地后不到一年，太宗便大举亲征北汉。契丹照例派兵去救，前军到达白马岭（今山西盂县东北），与宋军只隔一涧。主帅主张等后军到齐，然后决战。监军却要尽先急击，主帅拗不过他，结果契丹军渡涧未半，为宋军所乘，大溃，监军及五将战死，士卒死伤无算。宋军进围太原城。在统一事业中，这是九仞为山的最后一篑之功了。军士冒犯矢石，奋勇争先地登城，甚至使太宗怕死伤过多，传令缓进。半月，城陷，北汉主出降。太宗下令毁太原城，尽迁其居民于榆次，军士放火烧城，老幼奔赴城门不及，烧死了许多。（唐、五代之太原在今太原西南三十里，太宗毁太原城后，移其州治，即今太原省会。）

四

太祖、太宗两朝对五代制度的因革损益，兹分三项述之如下:（一）军制与国防,（二）官制与科举,（三）国计与民生。

五代是军阀的世界。在稍大的割据区域内，又分为许多小割据区，即“节度使”的管区。节度使在其管区内尽揽兵、财、刑、政的大权，读者从不久以前四川“防区”的情形，便可以推想五代的情形。太祖一方面把地方兵即所谓厢兵的精锐，尽量选送到京师，以充禁军；又令厢兵此后停止教练。这一来厢兵便有兵之名无兵之实了。厢兵的编制是每一指挥管四五百人，每大州有指挥使十余员，次六七员，又次三四员；每州有一马步军都指挥使，总领本州的厢兵，而直隶于中央的侍卫司，即侍卫亲军的统率处。在另一方面，太祖把节度使的行政和财权，逐渐移归以文臣充任的州县官。这一来“节度使”在宋朝便成为一种荣誉的空衔了。

禁军的组织，大体上仍后周之旧，唯殿前正副都点检二职经太祖废除；殿前和侍卫的正副都指挥使在太宗时亦缺而不置，后沿为例，因此侍卫军的马、步两军无所统属而与殿前军鼎立，宋人合称之为“三衙”。禁军的数目太祖时约有二十万，太宗时增至三十六万。禁军约有一半驻屯京城及其附近，其余一半则分戍边境和内地的若干重镇（禁军外戍分布的详情，是一尚待探究的问题）。其一半在内而集中，另一半在外而分散；这样，内力永远可以制外，而尾大不掉的局面便无法造成了。太祖又创“更戍法”：外戍各地的禁军，每一或二年更调一次，这一来，禁军可以常常练习行军的劳苦而免怠惰；同时镇守各地的统帅不随戍兵而更动，因此“兵无常帅，帅无常师”，军队便无法成为将官的私有了。

厢军和禁军都是雇佣的军队。为防止兵士逃走，他们脸上都刺着字。此制创自后梁，通行于五代，而宋朝因之。兵士大多数是有家室的。厢兵的饷给较薄，不够他们养家，故多营他业。禁兵的饷给较优，大抵勉强可够养家。据后来仁宗庆历间一位财政大臣（张方平）的报告，禁军的饷给“通人员长行（长行大约是伕役之类）用中等例（禁军分等级，各等级的饷类不同）：每人约料钱（每月）五百，月粮两石五斗，春、冬衣紬绢六匹，绵十二两，随衣钱三千。……准例（实发）六折”；另外每三年南郊，大赏一次，禁兵均每人可得十五千左右。除厢、禁军外，在河北、河东（今山西及陕西）等边地，又有由农家壮丁组成的民兵。平时农隙受军事训练，有事时以助守御，而不支官饷。

这里我们应当涉及一个和军制有关的问题，即首都位置的问题。宋都汴梁在一大平原中间，四边全无险阻可资屏蔽，这是战略上很不利的地形。太祖曾打算西迁洛阳，后来的谋臣也每以这首都的地位为虑。为什么迁都之议始终没有实行，一直到金人第一次兵临汴梁城下之后，宋帝仍死守这地方，等金人第二次到来，而束手就缚呢？我们若从宋朝军制的根本原则，从主要外敌的所在，从经济地理的形势各方面着想，便知道宋都有不能离开汴梁的理由。第一，在重内轻外的原则下，禁军的一半以上和禁军家属的大部分集中在京畿，因此军粮的供应和储蓄为一大问题。随着禁军数量的增加，后来中央政府所需要于外给的漕粮，每年增至六七百万石，而京畿的民食犹不在内。在这样情形下，并在当时运输能力的限制下，政治的重心非和现成的经济的重心合一不可。自从唐末以来，一方面因为政治势力由西而东移，一方面因为关中叠经大乱的摧毁和水利交通的失理，汉唐盛时关中盆地的经济繁荣和人口密度也移于“华北平原”。汴梁正是这大平原的交通枢纽，经唐、五代以来的经营，连渠四达，又有大运河以通长江。宋朝统一后交通上的人为限制扫除，它便随着成为全国的经济中心了。第二，宋朝的主要外敌是在东北，它的边防重地是中山（今河北定县[①]）、河间、太原三镇，而在重内轻外的原则下，平时兵力只能集中在京畿，而不能集在其他任何地点。因此，都城非建筑在接近边防重镇且便于策应边防重镇的地点不可。汴梁正适合这条件。

① 定县：今河北省定州市。

五

中央政府的组织，大体上沿袭后周。唐代三省和御史台的躯壳仍然保存，但三省的大部分重要职权，或实际上废除，如门下省的封驳（“封”谓封还诏书，暂不行下；“驳”谓驳正台议），或移到以下几个另外添设的机关：（1）枢密院（创始于后唐）掌军政，与宰相（即“同中书门下平章事”）所主的政事堂对立，并在禁中，合称“二府”。院的长官（或称“枢密使”，或“知枢密院事”，或“签书枢密院事”）的地位也与宰相抗衡。（2）三司使司（创始于后唐）掌财政，三司使下辖盐铁、度支和户部三使，宋初以参知政事（即副宰相，太祖时创置）或宰相兼领，后置专使。（3）审官院（不知创于何时，后分为审官东院与流内铨）掌中下级文官的铨选，其上级文官的铨选则归中书省。（4）三班院（不知创于何时，后分为审官西院与三班院）掌中下级武官的铨选，其上级武官的铨选则归枢密院。（5）审刑院（创始于太宗时）主覆核刑部奏上的重案。枢密院分宰相及兵部之权，三司使分户部之权，审官院分吏部之权，三班院再分兵部之权，审刑院分刑部之权。

地方行政的区域有三级，自下而上是：（1）县；（2）府、州、军、监，通称为郡；（3）路。在郡的四类中，府是经济上或军事上最重要的区域，其数目最少，其面积却最大。通常州所管辖的县数较府为少；军次之，至多只三县，少则一县。监则尽皆只占一县。设监的地方必定是矿冶工业或国家铸钱工厂等所在的地方，监的长官兼管这些工业的课税和工厂的事务。宋初在郡县制度上有两项重要的变革。一是郡设通判（大郡二员，小郡一员，不满万户的郡不设），以为郡长官的副贰；郡长官的命令须要他副署方能生效；同时他可以向皇帝上奏，报告本郡官吏的良劣和职事的修废。因为通判的权柄这样大，郡的长官就很不好做。宋人有一传为话柄的故事如下：有一杭州人，极好食蟹。他做京朝官做腻了，请求外放州官（宋朝京官得请求外放并且指明所要的郡县），有人问他要哪一州。他说我要有蟹食而没有通判的任何一州。二是县尉（县尉制始于汉朝）的恢复。在五代，每县盗贼的缉捕和有关的案件，由驻镇的军校管理，县政府无从过问。宋初把这职权归还县政府，复设县尉以司之。路的划分在宋代几经更改，这里不必详述。太宗完成统一后将全国分为十路，其后陆续于各路设一转运使，除总领本路财赋外，并得考核官吏，纠察刑狱，兴利除弊，实于一路之事无所不管。后来到真宗（太宗子）时，觉得转运使的权太大，不放心，又于每路设一提点刑狱司，将转运使纠察刑狱之权移付之。宋人称转运使司为漕司，提点刑狱司为监司。

宋在变法以前的科举制度，大体上沿袭唐朝进士科独尊以后的规模，但有以下的更革：（1）唐朝每年一举进士，每举以一二十人为常，至多不过三四十人。宋朝每四年一举进士，在太宗时每举常一二百人，后来有多至五六百人的。（2）唐朝进士考试不弥封，不糊名，考官亦不专凭试卷去取，而可以参考举子平日的声誉。因此举子在考试之前，照例把自己的诗赋或其他著作向权要投献，望他们赏识、延誉，以至推荐。宋朝自真宗（一说太宗）时，定糊名制以后，试官于举子只能凭试卷去取了。（3）唐朝进士经礼部录取后，即算及第。宋朝则礼部录取后，还要到殿庭复试，由皇帝亲自出题，这叫作“殿试”。及第与否和及第的等次，是在殿试决定的（仁宗某年以后，殿试只定等次，不关去取）。（4）唐朝进士及第后，如想出仕，还要经吏部再定期考选。“吏部之选，十不及一”，因此许多及第的进士等到头白也得不到一官。宋朝的进士，一经及第，即行授职，名次高的可以得到通判、知县或其他同等级官职。（5）宋朝特定宗室不得参与科试。

从上面所述科举制度的更革，已可以看出宋朝对士大夫的特别优待。但宋朝士大夫所受的优待还不止此。像“官户”免役、免税及中上级官吏“任子”（子孙不经“选举”，特准宦仕）的特权，固然沿自前代（汉代），但宋朝官吏“任子”的权利特别大。台省官六品以上，它官五品以上，每三年南郊大礼时，都有一次“任子”的机会，每次品级最低的荫子或孙一人；品级最高的可荫六人，不拘宗人、外戚、门客，以至“医人”（家庭医生）。此处大臣致仕时有“致仕恩泽”，可荫若干人，死后有“遗表恩泽”，可荫若干人。因为科举名额之多、仕途限制之宽和恩荫之广，宋朝的闲职、冗官特别多，且日增无已，到后来官俸的供给竟成为财政上的大问题了。更有一由小可以见大的优待士大夫的制度：太祖于每州创立一“公使库”，专以款待旅行中的士大夫。据一个曾受其惠的人的记录：“公使库……遇过客（自然不是寻常的过客）必馆置供馈……使人无旅寓之叹。此盖古人传食诸侯之义。下至吏卒（随从）批支口食之类，以济其乏食。承平时士大夫造朝，不赍粮，节用者犹有余以还家。归途礼数如前，但少损。”太祖还有一个远更重大的优待士大夫的立法。他在太庙藏一传诸子孙的密约：“誓不杀大臣及言事官。”规定以后每一皇帝于即位之前，在严重的仪式下，独自开阅这誓约。这誓约对宋代政治的影响，读者以后将会看到。

六

宋初财政收入的详细节目，太过烦琐，这里不能尽述，举其重要的如下：（1）“两税”（分夏、秋两季征纳的田赋和资产税）沿唐旧制，而大致仍五代加重的额数，约为唐代的六倍。其中田赋一项，通常每亩产谷十五石而抽一斗（依当时度量），但因为逃税的结果（上官册的田只占实垦田实额约十分之三），大多数豪强或显达田主实纳的田赋远较上设的比率为轻。（2）政府专卖的物品，除沿自唐季的盐、茶、酒，沿自五代的矾外，又有自外海输入的香料。此外，苛税之沿自五代的有（3）通过税（即近代的厘金），每关抽货价的百分之二（现款亦照抽）。又有（4）身丁钱，即人头税。此税只行于江淮以南，迄于闽广（四川除外），因为五代以来本是如此。这种税的负担，加上别的原因，使得这区域的贫民无法维持他们所不能不继续孳生的人口，因而盛行杀婴的习俗。宋朝大文豪苏东坡于这习俗有一段很深刻的描写。他写给一位鄂州知州的一封信道：

> 昨……王殿直天麟见过……言岳、鄂间田野小人，例只养二男一女。过此，辄杀之。尤讳养女。……辄以冷水浸杀。其父母亦不忍，率常闭目背面，以手按之水盆中，咿嘤良久乃死。……天麟每闻其侧近有此，辄驰救之，量与衣服饮食，全活者非一。……闻鄂人有秦光亨者，今已及第，为安州司法。方其在母也，其舅陈遵，梦一小儿挽其衣，若有所诉。比两夕，辄见之，其状甚急。遵独念其姊有娠将产，而意不乐多子，岂其应是乎？驰往省之，则儿已在水盆中矣，救之得免。

这是宋朝的黄金时代的一斑。

人民除赋税的负担外，还有差役的负担。差役有四种：一是押运官物，二是督征赋税，三是逐捕盗贼，四是在州县衙门供使唤或管杂务。民户分九等，上四等服役，下五等免役。押运（即所谓衙前）和督赋（即所谓里正），最是苦差，当者要负赔偿损失的责任，每至倾家荡产，并且坐牢。宋朝名将韩琦当知并州时，在一封论及役法的奏疏里有这样的描写：

州县生民之苦，无重于里正衙前。自兵兴以来，残剥尤甚，至有孀母改嫁、亲族分居或弃田与人，以免上等。或非命求死，以就单丁。规图百端，苟脱沟壑之患。

这是宋朝的黄金时代的又一斑。

在五代，一方面军阀横行，一方面豪强的兼并也变本加厉。军阀是给太祖兄弟以和平的手段解决了，但豪强的兼并并不妨碍他们的政权，所以他们也熟视无睹。宋初豪强兼并的程度有下列几事为证：

（1）在太宗淳化四年至至道元年（993—995年）间，四川成都附近发生一次贫民（也许大部分是农民）的大暴动。他们的领袖李顺的口号，据宋朝国史的记载，是“吾恨贫富不均，吾为汝均之”。他们把官吏杀掉，拿来示众。他们把富人的财产，除了足供养家的一部分外，尽数充公，拿来赈济贫困。他们竟“号令严明，所到一无所犯”。但他们终于一败涂地。

（2）同时在四川盛行着一种沿自五代的“旁户”制度。旁户是隶属于豪家的贫户，豪家所领的旁户，每有数千之多。他们向领主纳租外，并供领主役使，如奴隶一般。当李顺乱起时，有些豪家反率领旁户去响应他。后来事定，太宗想把旁户制度废除，终因怕引起更大的扰乱而止。

（3）同时在江淮以南迄于闽广（即身丁钱制施行的区域），

又有一沿自五代的特殊法律：佃户非得田主的许可并给予凭证，不许迁移。这一来，佃户便成了附着于田土的农奴，如欧洲中古时代的情形。这特殊的法律到太宗的孙仁宗时始行废除。仁宗之所以为“仁”，于此可见。

宋之积弱与变法失败 雷海宗

一 兵制

宋代的统一只能说是长期大乱后的消极治平时代，对内对外实际上都无办法。宋太祖集中兵权，似可矫正时弊。但他所招的兵太多，分子杂滥，甚至往往以招兵为救荒的方法。

赵匡胤在登上皇帝位后的第二年，免除握有重兵的慕容延钊和韩令坤的殿前都点检的职务，“罢为节度使”。禁军殿前都点检被取消，由皇帝控制禁军。同一年，在一次酒宴中，赵匡胤“劝”大将石守信等人交出兵权，说此后他们可以购置田宅，多置歌儿舞女，“日夕饮酒相欢，以终天年”。大将在利诱胁迫之下，一个个交出了兵权，这就是“杯酒释兵权”。

北宋把禁军分而为三，由“三衙”统领。其将领的名位较低，大权实际上由皇帝掌握。北宋设枢密院，枢密使有调动军队的权力。而实际领兵作战的将领往往是临时委派，没有调动军队的权力，“有握兵之重，而无发兵之权”。同时，宋朝的募兵制有很强的以职业兵身份养穷苦老百姓的色彩。每一地灾荒，政府即招兵，意为常有乱民而少有乱兵。北宋一朝，很多农民军起义后迅速被招安，摇身一变成为朝廷军队，就赖宋朝养兵政策。兵权过于集中于上，导致将领临敌少有独断之权，不能权宜行事，而且，养兵政策使得军队很难形成有效的战斗力。

同时朝廷对军将过于姑息，不加督责。将既如此，兵又如彼，难怪宋代对外始终不能振作。

二 财政与民生

宋初集中财政，并谋增进民生。北宋初年于各路设置转运使，将地方上财赋收入，除一小部分留作“诸州度支经费”外，要全部送至京师。中央还派京官去地方上监收。但赋役的分配过于不均，以致占人口大多数的小农与贫民无法谋生。宋代建朝后，不但不抑制兼并，反而纵容功臣、大将们兼并土地。太祖要石守信等交出兵权时，便鼓励他们去购置田产。土地买卖与典卖相当普遍，土地集中的趋势加速，农民失去土地，客户的数字在增加，“富者有弥望之田，贫者无卓锥之地。有力者无田可种，有田者无力可耕”（《续资治通鉴长编》卷二十七）。

役法的不良尤其使人民感受痛苦。宋代的居民有主户和客户之分。主户分成五等，乡村上三等户为“上户”，是各类地主。四、五等户称为“下户”，有少量的土地。客户是没有土地的农民，占总户数百分之三十五左右。五等户和客户都要租种土地，地租根据具体的情况或对半分成，或四六分成，没有耕牛的佃户要把六成以上的收成交给地主。宋代名义上虽对没有土地的客户不征税，但是客户租种大户的土地，国家收税越重，则主户想方设法的盘剥手段就更多。一切负担几经辗转，又全压到了穷苦百姓的身上。

财政与民生是任何国家对内的主要问题，这个问题宋代也始终未能解决。

三　科举

由唐至宋，科举制度在外表上没有多少变化。但科举的内容日益空洞，最后只余下浮华的赋论与大言不惭的经义。因而所产生的人才都是些与实际完全脱离关系、能说不能行的书生。

宋代科举考试依据的是儒家经典，但是很长一段时间内，对儒家经典注释不一，还不能达到统一思想的目的。王安石创立的“新学”派，是新兴的“宋学”中体系相对完整的学派。宋神宗对王安石说：“今谈经者人人殊，何以一道德，卿所著经，其以颁行，使学者归一。”（《续资治通鉴长编》卷十八，太平兴国二年正月）以王安石为首的改革派以“新学”派的观点撰注《诗义》《书义》《周礼义》，合称“三经新义”，于熙宁八年（1075年）颁布学校，作为教科书。此后，“三经新义”成为科举考试的依据，以此选拔拥护改革的官员。

绍兴末年以前，科举虽仍以“新学”学说解释经义为主。但“理学”在秦桧、赵鼎扶植下，在科举考试中也逐渐得势。高宗末孝宗初，“理学”遂与“新学”并为显学，科举中随权臣及主考官的倾向而变化，宁宗中期以后，“理学”派在科举中逐渐占优势，至理宗淳祐元年（1241年）后，“理学”成为统治思想，“新学”“蜀学”在科举中遂完全被排斥。可见，宋代科举无论形式如何变化，归根结底，在于选拔听话之官吏，这与后世所诟病的明朝八股取士没有多大区别。

法制不良，犹可改善；人才缺乏，最无希望。这至少也是宋代对内对外始终无办法的一个重要原因。

四 缠足

在宋代各方面的积弱之下，妇女缠足的风气也渐渐普遍。缠足除对身体的戕害之外，在心理方面也代表一种变态的审美观。男子既不能当兵，又不成人才，女子又故意地加以摧残，整个的民族不知不觉间都进入麻木昏睡的状态。

五 国防生命线之始终缺乏

以往中国在统一时代总有藩属，积弱不振的宋朝不只没有对外发展的能力，连中国本部的国防要地也不能占有。

东北的燕云仍为辽侵中国的根据地。燕云之地历来为农耕民族防备游牧民族南侵的重要屏障，历代长城必须依燕、云、幽等地的险峻地形方能起到金汤之作用。自石敬瑭割燕云十六州之后，辽国铁骑毫无阻挡，而中原军队北进却又难上加难。雍熙北伐宋军由胜转败，失却地利实为重要的原因。而澶州之战，辽国轻易逼近宋京，实也是因没有抵御的屏障。

西北的边地始终是西夏的势力。西北宁夏、陕北地区，是北方游牧民族南侵的又一个通道，尤其是中原王朝之政治中心在长安之时，此地比幽、云还要重要。如今此两大重要通道为辽、夏所据，则战争的主动权就掌握在了彼方手中。

并且宋须每年向两国输纳重币，方能维持和平，这也是宋代财政困难的一个原因。

六　王安石

王安石是宋代的非常人物。他曾于嘉祐四年（1059年）[1]上《言事书》，列举时政弊端及改革意见，虽未被采纳，却代表了要求改革者的共同意志，声望日益高涨。神宗即位时，王安石已经独负天下盛名多年，司马光也说大家都认为只要王安石当政，“则太平可立致，生民咸被其泽”（《司马温公文集》卷六十《与王介甫书》）。他看出中国积弱的情形，认为非改革不可，并且断定当时的基本问题就是人才问题。

七　王安石变法

神宗给王安石一个彻底改革的机会。新法的目的是要解决财政与民生的问题，使国家有可用的兵，使读书的人能真正明理，成为有用的人才。正如王安石所说：“修吾政刑，使将吏称职，财谷富，兵强而已。”（《宋会要辑稿》食货一之二八）熙宁二年（1069年）二月，王安石任参知政事，首先创设变法改革的指导机构“制置三司条例司”，由王安石和枢密副使韩绛兼领，吕

① 应为嘉祐三年（1058年）。

惠卿任“检详文字”，章惇为编修三司条例官，曾布任检正中书五房公事。同年七月至十一月先后颁布实行均输法、青苗法（常平法）、农田水利法，熙宁三年五月，废“制置三司条例司”，并其职权归中书（宰相府），司农寺成为推行新法的机构，吕惠卿改任判司农寺。同年十二月，王安石与韩绛同时拜相，变法一直在守旧派的攻击和变法派内部意见不一致的艰难情况下进行。熙宁七年四月，王安石在实行免行法时，受到神宗和曾布的联合抵制，辞相就任江宁知府，吕惠卿升任参知政事。八年二月王安石复相，受到吕惠卿的攻击，神宗对王安石的意见也多不从。加上爱子王雱病死，王安石精神受到重大打击，遂力请辞相。同年十月王安石第二次罢相，出任判江宁府，次年六月又辞官闲居江宁，元祐元年（1086年）四月去世。

新法未得尽量推行。但兵制改革之后，虽对辽、夏仍无进展，对蛮人方面却有相当的成功。王安石变法的兵制改革包括将兵法、保马法、保甲法、团教法等，其中保甲法等依靠民间乡村基层单位为兵员来源地的方法为后世所效法。

八　变法失败

一般以正人君子自居的人保守成性，对新法用种种正当与不正当的方法诋毁攻击，附和新法的又多是些动机不纯的人。所以人才以至人格的缺乏使新法没有一个好好施行的机会。不过，王安石过于激进，很多措施也并不符合当时的客观实际。特别是他为追求变法效果，对地方官员勒逼过紧，许多地方官疲于应付，只得弄虚作假。这种上有政策、下有对策的做法，使得王安石变法所背负的恶名越来越多。

旧党上台之后，不顾利害，在可能的范围内把新法几乎全部推翻。当时苏轼还算比较清醒，他既反对王安石的暴风骤雨式的改革，也反对司马光等人对王安石变法不分青红皂白地全盘否定，结果遭到了新旧两党的共同排挤。

王安石虽不免抱负过高，但他认为中国把千载一时的机会白白放过，并非全是一时痛愤的论调。

宋亡 雷海宗

一 北宋灭亡

王安石失败之后，新旧党争变成夺取政权的工具。宋神宗死后，曾经和王安石一起变法的人如吕惠卿、蔡确、章惇等都遭到打击。司马光死后，朝中又展开内部的争斗。程颐等为“洛党”，苏轼、吕陶等是“蜀党”，刘挚及刘安世、梁焘等为“朔党”。在这之后，朝政日益混乱，所谓新法旧规，完全成为一种旗号。到了宋徽宗亲政之时，再复新政。这时的变法，已经走了样，推行变法的人实际上是在争权夺利，当时蔡京、高俅等人完全凭自己的意愿划分新旧之党，稍有拂逆己意之人，便攻击其为旧党。还有人借着变法之名，行搜刮之实。政治日益腐败，以致引起严重的民变。当时就有今天我们耳熟能详的宋江等人领导的梁山泊起义。时睦州青溪（今浙江淳安）人方腊，因不满朝廷盘剥，利用摩尼教（明教）号召民众，组织起义。方腊起义军先后攻下六州五十二县之地。为镇压方腊起义，宋徽宗命童贯带领十五万大军包围起义军。方腊寡不敌众，起义失败。当时金国兴起，相约北宋一起攻辽，北宋朝中意见不一，相当一部分人认为应靠辽国牵制后起之金国。但是宋徽宗认为这是收回失地的好时机，遂命童贯带镇压方腊之兵北上攻打燕京。不过，辽军虽在金国攻势下屡战屡败，在燕京城下打击宋军却是节节胜利。童贯黔驴技穷，只得请求金国代劳，最终燕京被金军攻破。后来，金国借口宋不守盟约，大举攻宋。宋徽宗惊慌失措，慌忙让位于钦宗。但是这二人最终都在东京城破之际，被金军掳走。这就是著名的“靖康之变”。

二　南宋

自宋室南渡之后，中国政治社会的黑暗通史就成了永久固定的状态。这种情形自唐末以下渐渐明显，宋虽统一，政治社会的基础仍不健全，王安石的改革计划也大体失败。从此之后，大家都安于堕落，并不觉得有彻底改良的需要。南宋是在风雨飘摇中建立起来的，但是这个偏安江左的朝廷，仍是醉生梦死，对百姓继续进行残酷的压榨和剥削。土地兼并加剧，大批农民失去土地成为无地的客户。长江中下游的圩田多被皇室、大官僚、文臣武将所占领。

人才的缺乏与吏治的腐败是这个没落社会中最惹人注意的现象。暴政是常事，善政几乎成了梦想不到的奇迹。南宋统治者在生死存亡的关头，内部的斗争一直没有停止过。高宗时由秦桧把持朝政，打击、迫害不同意见的人。实行文化专制政策，贿赂公行。到了宁宗、理宗、度宗，一直到南宋的灭亡，政治异常黑暗。史弥远、丁大全以后又有贾似道，在这些奸相控制下，政出私门，奢侈腐化，卖官鬻爵，人民的生活更加痛苦，社会的危机更为严重。这样的社会当然没有强盛的可能。宋自认为金的属国，方得偏安江南，但最后仍不能自保。

公元1276年，元朝军队攻破临安，南宋灭亡。1279年，张世杰、陆秀夫等拥立的南宋小朝廷被元军追击到厓山（今广东南海①）。经过一番挣扎后，南宋最后的一点象征随着陆秀夫背着小皇帝跳海而结束。

三　金

金朝盛衰的经过与汉人自创的朝代大致相同，也有朝廷草创时的励精图治，也有诸如完颜亮这样的暴君，也有金哀宗作为末世皇帝的悲伤与无奈。金朝占据中原之后，不久就完全汉化。虽也有人感到此事的危险，但这似乎是不可避免的命运。汉化的程度越深，兵力越发不振，最后甚至与宋同样没有可用之兵。最堪玩味的，就是连亡国时的可怜状态也与宋的两次亡国如出一辙。

蒙古军南下，金朝内部分裂为抵抗与投降两派。金宣宗屈辱求和，蒙古军暂自中都（今北京）撤退。宣宗弃中都迁汴（今河南开封），金朝从此走上灭亡的道路。中都北京（今内蒙古自治区巴林左旗东南）失陷，官员、地主纷纷叛金降蒙或自立。张鲸、耶律留哥、蒲鲜万奴称王，标志着各族以及女真族内部的分裂。1229年，窝阔台继汗位，继续征讨金朝。1231年，窝阔台

① 广东南海：今广东省江门市新会区南。

亲自带领中路军伐金，同时命令东路军直指济南，西路军假道宋汉中，直下汉水，再进而入金境。次年三月，汴京被围，金人坚持斗争，最后粮尽援绝，金哀宗逃至归德。1233年年初，金军的守将投降，蒙古军占汴京。金哀宗又由归德逃往蔡州（今河南汝南）。南宋与蒙古约定联合攻金，这是北宋联金灭辽的故技重演。这一年的七月，南宋将领孟珙出兵消灭了金人的一支重兵，与蒙古军包围了蔡州。宋理宗端平元年（1234年），蔡州城破，金哀宗自杀，金灭。

元朝的迅速衰败 雷海宗

一　非中国重心之欧亚大帝国

这里所讲元朝的疆域，是指元朝直辖地区，不包括后来走上独立发展道路的钦察汗国、察合台汗国、窝阔台汗国、伊利（又译伊儿）汗国。史载，元朝疆域“北逾阴山，西极流沙，东尽辽左，南越海表”（《元史·地理志一》）。史称汉唐为盛，但“幅员之广，咸不逮元”。“元东南所至不下汉唐，而西北则过之”（《元史·地理志一》）。唐朝时期边疆地区的羁縻州县，在元朝几乎都同于内地，以往由少数民族政权统治的地区，也正式划入元朝的版图。

大元是横亘欧亚的大帝国，政治中心原在上都，全在中国本部的范围之外。后来虽迁都燕京，但这是事实的问题：中国虽无意间成为大元帝国的主要部分，在蒙古人心目中他们仍是以外族入主中国。国家用人并不限于汉族，更不限于儒生，例如元朝的著名宰相耶律楚材便是原契丹贵族。由于李璮之乱牵涉到忽必烈倚信的王文统，使忽必烈极为震动，以致他对许多藩府旧臣和汉人军阀产生很大的猜忌。平灭李璮之乱后的一系列措施，既有加强中央集权的意义，同时也是出于对汉人的防范之心。王文统被杀后，忽必烈转而重用察必皇后宫帐侍臣阿合马，把他“超擢”为中书平章政事。凡是帝国以内甚至帝国以外的人都可擢用。所以蒙古人多不习汉文。他们不只不想汉化，甚至鼓励汉人蒙古化。汉族中为荣利心所驱使也确有不少与蒙古同化的人。

二　种族与阶级

因为蒙古人始终以征服者自居，所以种族间有很严的阶级分别。在官制上，总是蒙古人为长；在刑法上，蒙、汉两族的待遇也不相同。忽必烈把各地的人分成为四等，即蒙古人、色目人、汉人和南人。这种区划，便于忽必烈的分而治之，但是它加深了各民族之间的矛盾。各民族在政治和经济上的地位很不平等。在政府机构中，重大权力为蒙古和色目人的贵族所掌握，高级官员主要由蒙古和色目人担任。汉人的地位次一等。而南人在南宋灭亡后的一个时期内几乎没有在中央担任要职。地方上，也主要是蒙古人掌握大权。按规定，达鲁花赤由蒙古人担任，同知由色目人担任，汉人做总管。

法律还规定汉人和南人不能收藏兵器。土地的占有状况同样反映了阶级压迫剥削和民族上的差异与不平等。蒙古贵族在消灭南宋的过程中，没收各种官田，占有大量的无主荒田，侵夺民产。元朝皇帝赐给皇亲、贵戚、勋臣、大将以及各种寺观田产的数量相当惊人。如忽必烈赐给撒吉思益都田达一千顷，元文宗以平江的三百顷田赐给安西王阿剌忒纳失里。

三　兵制与驻军

蒙古自己行征兵制，对汉人也行半征兵制，兵的数目一定很大。但元对汉人始终歧视，军机重务汉人不得参与，所以元兵的数目至今无从稽考。驻军各地，镇压汉人，以便永久维持蒙古族的统治地位；蒙古人虽不肯汉化，却不能避免腐化，统治中国的时期比金朝更为短促。元朝末年，天下纷乱，很多蒙古军人在镇压各地起义中，总是诛杀无辜百姓以邀功，当真正的起义军出现时，他们却又作鸟兽散。

四　财政与纸币

元的财政政策，目的并不在压迫人民。只因不能量入为出，结果也成了暴政之一。财政困难，于是就大规模地推行钞法，以致物价腾贵，公私的生活都受损害。至元二十二、二十三年（1285—1286年），元政府发行的交钞分别高达三百万锭。这表明由于国家财政陷入崩溃，迫使政府靠多印钞票来平衡收支。后来虽想改革，也未收效，最后交钞成为废纸，社会临时又返回到以货易货的停顿状态。

至元二十四年（1287年）初，为挽救财政的恶化，忽必烈复置尚书省，以藏人桑哥为平章政事，主持财政。桑哥执政后，发行至元钞以救钞制之混乱，开浚会通河以利漕粮北运，增加盐茶酒醋的税额，遍行钩考追征逋负偷漏。他的理财措施在稳定国家财政方面是有收效的。桑哥时规定的总税额，此后维持数十年之久，说明没有过分超出当时社会所能承受的范围。不过到了元末，由于社会混乱，元朝的财政总崩溃，百姓于绝望之中纷纷加入起义军反抗元朝统治。

五 元亡

元帝位承继的问题始终未得解决，当继位的人很少得立。此种情形，加以种种有意无意的暴政，再逢严重的天灾，就很自然地引起民变。

元成宗以后，继位的是海山，即元武宗。武宗以后，是爱育黎拔力八达，也就是元仁宗。武宗是依靠爱育黎拔力八达的拥立而登上帝位的，他精通军事，而昧于政事。他一登位，立即任用亲信，遥授官职，排斥世祖忽必烈时代的旧臣，造成朝政紊乱。由于滥封滥赏和无节制地建佛寺、崇佛事，财政危机加深。武宗即位后四个月，就已开支银四百二十万锭。连年灾荒，农民破产，流离失所。武宗即位的第二年正月，绍兴、台州、庆州等六路，发生饥荒，死者甚众，饥户达四十六万。六月，山东、河南大饥，有父食其子者。第三年蝗灾遍及南北各地，黄河在归德府决口。他在位期间，灾害没有间断过。自至正二年（1342年）后，黄河连年泛滥成灾。脱脱复相后，贾鲁被任命治河。至正十一年（1351年），黄河决口。元政府修河，发动民工十五万，另外还有在庐州各地的军队两万人。命贾鲁以工部尚书充河防使，开凿新河道二百八十里引黄河汇合淮河入海。经过五个多月，“河复故道”。但由于连年的灾荒，人民流离失所，修河的官吏从中舞弊，政治上的危机加深。所以黄河开凿之日，成了大起义爆发之时。

最初起事的人一方面利用历代必有的妖言，一方面利用深入人心的排外复国的心理。颍州（今安徽阜阳）人刘福通和栾城（今河北栾城西）人韩山童等以白莲教积极组织起义。他们宣传“弥勒下生”“明王出世”，同时，散布民谣：“莫道石人一只眼，此物一出天下反。”并且把凿好的一个独眼石人，埋在黄陵岗（山东曹县西南）附近黄河的河道上。民工开河道时掘出这个石人，远近的百姓都轰动了。至正十一年，韩山童、刘福通等于颍州的颍上（今安徽颍上）聚集三千多人，准备起义。起义者宣称韩山童是宋徽宗的八世孙，发布文告说，要“重开大宋之天”。此后，起义的烽火点燃元朝各地，最后由朱元璋创建了二百五十年来所未有的汉人自治的一统帝国。

中国版图的奠定与面临的挑战——明清

1937—1946

明太祖之建国与开国规模 吴晗

一

明太祖北征时的口号虽然是“驱逐胡虏”，但其意义只限于推翻异族的统治权，对蒙古人、色目人并不采歧视的态度。在北征檄文中并特别提出这一点说：

> 如蒙古、色目虽非华夏族类，然同生天地之间，有能知礼义，愿为臣民者，与中国之人抚养无异。[①]

即位以后，蒙古、色目的官吏和汉人同样登用，中央官如以鞑靼指挥安童为刑部尚书，以咬住为副都御史，以忽哥赤为工部右侍郎[②]，以高昌安为吏部侍郎[③]。外官如以高昌安为河东盐运司同知，以脱因为兼州知府，以道同为番禺知县。[④]军官如以鞑靼酋

---

① 王世贞《弇山堂别集》卷八五。

② 《明太祖实录》卷一九九。

③ 《明太祖实录》卷二〇二。

④ 《明史》卷一三八《周祯传》，卷一四〇《道同传》。

长孛罗帖木儿为庐州卫指军佥事，仍领所部鞑官二百五十人[①]。即亲军中亦有蒙古军队，如洪武五年（1372年）之置蒙古卫亲军指挥使司，以答失里为佥事[②]。洪武二十二年（1389年）特设泰宁、朵颜、福余三卫于兀良哈之地，以居降胡[③]。时蒙古人、色目人多改为汉姓，与汉人无异，有求仕入官者，有登显要者，有为富商大贾者[④]。洪武三年（1370年）曾一度下诏禁止擅改汉姓：

> 四月甲子禁蒙古、色目人更易姓氏，诏曰：朕尝诏告天下，蒙古诸色人等皆吾赤子，果有材能，一体擢用。比闻入仕之后，或多更姓名。朕虑岁久，其子孙相传，昧其本源，诚非先王致谨氏族之道。中书省其告谕之，如已更易者听其改正。[⑤]

但此项法令不久即自动取消：

> 永乐元年九月庚子，上谓兵部尚书刘俊曰："各卫鞑靼人多同名，无姓以别之，并宜赐姓。"于是兵部请如洪武中故事，编置勘合，给赐姓名，从之。[⑥]

---

① 《明太祖实录》卷一九〇。
② 《明太祖实录》卷七一。
③ 《明太祖实录》卷一九六。
④ 《明太祖实录》卷一〇九。
⑤ 《明太祖实录》卷五〇。
⑥ 《明成祖实录》卷三三。

可知在洪武时代已有编置勘合、给赐姓名之举。其唯一的限制为特立一条蒙古人、色目人的婚姻法：

> 凡蒙古、色目人听其与中国人为婚姻，务要两相情愿。不许本类自相嫁娶，违者杖八十，男女入官为奴。[①]

这禁例的用意一面是要同化蒙古人、色目人，一面是防止其种类之繁殖。法令虽然颁布，可是实行的程度，也许和禁改汉姓一样，实际上并不发生效力。在生活习俗方面，太祖登基后立刻下令将衣冠恢复如唐制，并禁止生活习惯之蒙古化：

> 洪武元年二月壬子，诏复衣冠如唐制。其辫发、椎髻、胡服（男裤褶窄袖及辫线腰褶，妇女衣窄袖短衣，下服裙裳）、胡语、胡姓，一切禁止。[②]

元制尚右，吴元年（1367年）十月令百官礼仪尚左[③]。元人轻儒，至有九儒十丐之谣，谢枋得记：

> 滑稽之雄以儒为戏者曰：我大元制典，人有十等，一

---

① 《明律》卷六《户律》。
② 《明太祖实录》卷三〇。
③ 《明史》卷一《太祖本纪》。

官二吏，先之者贵之也，贵之者，谓有益于国也。七匠八娼九儒十丐，后之者贱之也，贱之者，谓无益于国也。嗟乎卑哉！介乎娼之下丐之上者今儒也。[①]

郑思肖说：

鞑法：一官二吏三僧四道五医六工七猎八民九儒十丐。[②]

这虽都是宋末遗老的话，但元人也有同样记载，余阙《贡泰父文集序》：

至元初奸回执政，乃大恶儒者，因说当国者罢科举，摈儒士。其后公卿相师，皆以为当然，而小夫贱隶亦以儒为嗤诋。

当是时士大夫有欲进取立功名者，皆强颜色，昏旦往候于门，媚说以妾婢，始得尺寸。[③]

可见儒者在元代之被摈斥。而明则在太祖初起时已重儒者，建国以后，大臣多用儒生，后来流弊至以科举为入官之唯一途

① 《叠山集》卷六《送方伯载归三山序》。
② 《心史》卷下《大义略》。
③ 《青阳文集》卷四。

径。反之，元人重吏：

国初有金、宋，天下之人，惟才是用，无所专主，然用儒者为居多也。自至元以下始浸用吏，虽执政大臣亦以吏为之。自是中州小民，粗识字能治文书者，得入台阁供笔札，累日积月皆可以致通显。①

方孝孺《林君墓表》也说：

元之有天下，尚吏治而右文法。凡以吏仕者捷出取大官，过儒生远甚。②

因法令极繁，案牍冗泛，故吏得恣为奸利，为弊最甚。明典即革此弊，从简、严法令下手：

吴元年十一月壬寅，上谓台省官曰：近代法令极繁，其弊滋甚。今之法令正欲得中，毋袭其弊。如元时条格极繁冗，吏得夤缘出入为奸，所以其害不胜。今立法正欲矫其旧弊，大概不过简、严下手，简则无出入之弊，严则民知畏而不敢轻犯。③

---

① 《青阳文集》卷四《杨君显民诗集序》。
② 《逊志斋集》卷二二。
③ 《明太祖实录》卷二七。

洪武十二年（1379年）又立案牍减繁式颁示诸司：

初元末官府文移案牍最为繁冗，吏非积岁莫能通晓，欲习其业，必以故吏为师。凡案牍出入，惟故吏之言是听。每曹自正吏外，主之者曰主文，附之者曰帖书曰小书生，骫文繁词，多为奸利。国初犹未尽革。至是吏有以成案进者，上览而厌之曰：繁冗如此，吏焉得不为奸弊而害吾民也。命廷臣议减其繁文，著为定式，镂版颁之，俾诸司遵守。①

自后吏员遂为杂流，其入仕之途唯外府、外卫、盐运司首领官，中外杂职、入流未入流官，由吏员、承差等选。②这是一个大变化，一面用严法重刑来肃清元代所遗留的政治污点，《明史》说：

太祖惩元纵弛之后，刑用重典。凡官吏人等犯枉法赃者不分南北，俱发北方边卫充军。

采辑官民过犯，条为《大诰》《续诰》，后又增为《三编》，诸司敢不急公而务私者，必穷搜其原而罪之。凡所列凌迟、枭

① 《明太祖实录》卷一二六。
② 《明史》卷七一《选举志》。

示、种诛者无虑千百，弃市以下万数。《三编》稍宽容，然所记进士、监生罪名自一犯至四犯者犹三百六十四人，幸不死还职，率戴斩罪治事。郭桓之狱，直省诸官吏系死者数万人：

> 郭桓者，户部侍郎也。帝疑北平二司官吏李彧、赵全德等与桓为奸利，自六部左、右侍郎下皆死，赃七百万，词连直省诸官吏，系死者数万人。核赃所寄借遍天下，民中人之家，大抵皆破。

空印之狱，也施行了一次官吏的大屠杀：

> 十五年，空印事发。每岁布政司、府州县吏诣户部核钱粮、军需诸事，以道远，预持空印文书，遇部驳即改，以为常。及是，帝疑有奸，大怒，论诸长吏死，佐贰榜百戍边。[①]

由此中外官吏均重足凛息以"不保首领"为惧，以生还田里为大幸[②]。

二

元的统治虽然被推翻，但是元统治机构的组织方式却大部

---

① 《明史》卷九四《刑法志》。

② 《明史》卷一三八《杨靖传附严德珉传》。

分被保存下来，这是因为元的统治机构组织方式基本上因袭唐、宋，便于镇压人民。最明显的是官制和教育制度，一直沿用到朱元璋统治集团内部发生矛盾，展开剧烈的斗争以后才放弃了旧的机构，建立新的统治机构。

中央的官制，在洪武十三年（1380年）以前，大抵依据元制，行政最高机关为中书省，置左、右丞相，平章政事，左、右丞，参知政事等官，下设吏、礼、户、兵、刑、工六部为执行机关。监察最高机关则为御史台，置御史大夫、御史中丞等官。军政最高机关改元之枢密院为大都督府，置左、右都督，同知都督等官。洪武十三年胡惟庸党案发生后，更改官制，提高皇权，集中军政庶务一切权力在皇帝个人手中。废中书省不设，提高六部地位，使得单独执行政务，改御史台为都察院，分大督府为五军都督府，均直隶于皇帝。地方行政则置行中书省，设行省平章政事等官，改路为府，设知府，州设知州，县设知县。洪武九年（1376年）改浙江、江西、福建、北平、广西、四川、山东、河南、陕西、湖广、山西诸行省俱为承宣布政使司，后增设云南、贵州为十三布政使司（北平后改为京师，与南京称为“两京”，直隶中央），置布政使参政、参议诸官；司法则仍元制，置各道提刑按察司，设按察使及副使、佥事领之。军政则置都指挥使司十三（北平、陕西、山西、浙江、江西、山东、四川、福建、湖广、广东、广西、辽东、河南），行都指挥使司三（陕西、山西、福建），后增都司三（云南、贵州、万全，北平改为大宁），行都司二（四川、湖广），置都指挥使领之，掌一方军政[①]。

在兵制方面，元代内廷设左、右、前、后、中五卫，卫设都指挥使，下设镇抚所、千户所、百户所，以总宿卫诸军。又因各族兵设阿速、唐兀、贵赤、蒙古、西域、钦察诸卫亲军都指挥使司。外则万户之下置总管，千户之下置总把，百户之下置弹压，立枢密院以总之。军士则蒙古壮丁无众寡尽签为兵，汉人则以户出军，定入尺籍伍符，不可更易，死则役次丁，户绝别以民补之[②]。明兴后，中外皆用卫所制，亲军都尉府（后改为锦衣卫）统左、右、前、后、中五卫，其下有南、北镇抚司。又别置金吾前、后，羽林左、右，虎贲左、右，府军左、右、前、后十卫，以时番上，号亲军。外则革诸将，袭元旧制枢密、平章、元帅、总管、万户诸官号，度要害地，系一郡者设所，连郡者设卫，大率五千六百人为卫，千一百二十人为千户所，百有十二人为百户所。所设总旗二，小旗十，大小联比以成军。卫以指挥使领之，外统之都指挥使司，内则统于五军都督府。这是依元亲军制扩充的。征伐则命将充总兵官，调卫所军领之。既旋则将上所佩印，官军各回卫所，将无专兵，兵无私将。这又是模仿唐代的府兵制度。[③]其内军之分配训练则又略近汉制，刘献廷说：

明初军制仿佛汉之南、北军。锦衣等十二卫卫宫禁者，

① 《明史》卷七六《职官志》。
② 《元史》卷九八《兵志》，卷八六《百官志》。
③ 《明史》卷八九《兵志》。

南军也。京营等四十八卫巡徼京师者，北军也。而所谓春秋班换，独取山东、河南、中都、大宁者，则又汉调三辅之意也。①

军士则行垛集令，民出一丁为军。三丁以上，垛正军一，别有贴户，正军死，贴户丁补。外又有从征，有归附，有谪发。从征者，诸将所部兵，既定其地，因为留戍。归附则是元和陈友谅、方国珍、张士诚的降兵。谪发以罪迁隶为兵者。其军皆世籍。②

在教育制度方面，元制于京师立国子学、蒙古国子学，教授汉、蒙学术。监设祭酒、监丞、博士、助教，教授生徒。地方则诸路、府、州、县皆置学，其他先儒过化之地，名贤经行之所，与好事之家出钱粟赡学者并立为书院。凡师儒之命于朝廷者曰教授，路府上中州置之。命于礼部及行省、宣慰司者曰学正、山长、学录、教谕，路州县及书院置之。又有医学及阴阳学教授专门人才。生徒皆廪饩于官，诸学皆有学田。各行省设儒学提举司，提举凡学校之事。③明代完全接受这制度，于京师设国子监，府、州、县、卫、所皆建儒学，生员各地皆有定额。生员考试初由地方官吏主持，后特设提举学政官以领之。士子未入学者通谓之童生，入学者谓之诸生（有廪膳生、增广生、附学生之别），

① 《广阳杂记》卷一。

② 《明史》卷九〇，《兵志》。

③ 《元史》卷八一《选举志·学校》。

三年一次考试，以诸生试之直省曰乡试，中试者为举人。次年以举人试之京师曰会试，中试者再经皇帝亲自考试曰殿试，分三甲，一甲只三人，曰状元、榜眼、探花，赐进士及第；二甲若干人，赐进士出身；三甲若干人，赐同进士出身。状元授修撰，榜眼、探花授编修，二、三甲考选庶吉士者皆为翰林官。其他或授给事、御史、主事、中书、行人、评事、太常、国子博士，或授府推官、知州、知县等官。举人、贡生不第、入监而选者，或授小京职，或授府佐及州县正官，或授教职。由此入仕必由科举，而科举则必由学校，《明史》说：

盖无地而不设之学，无人而不纳之教，庠声序音，重规叠矩，无间于下邑荒徼，山陬海涯，此明代学校之盛，唐、宋以来所不及也。①

学校的教育和科举的范围，元初许衡即提议罢诗赋，重经学。皇庆二年（1313年）中书省臣言：

夫取士之法，经学实修己治人之道，词赋乃摛章绘句之学。自隋、唐以来，取人专尚词赋，故士习浮华。今臣等所拟，将律赋省题诗小义皆不用，专立德行明经科，以此取

① 《明史》卷六九《选举志》。

士，庶可得人。帝然之。[1]

由此专重经学，“四书”“五经”成为学者的宝典，入仕的津梁。至明更变本加厉，专取“四书”“五经”命题取士，又特定一种文体，略仿宋经义，然代古人语气为之，体用排偶，通谓之制义。[2]解述指定限于几家的疏义，不许发挥自己见解。文章有一定的格式，思想又不许自由，这是明代科举制度的特色。学校和科举打成一片，官吏的登用必由科举，而科举则必由学校，政治上一切人物均由学校产生，而训练这些未来政治人物的工具，却是过去几千年前的古老经典，这些经典又不许用自己的见解去解释去研究。选用这一些政治人物的方法，却是一种替古代人说话，替古代人设想，依样画葫芦的八股文。这个办法从元传到明，明传到清，束缚了多少人的聪明才智，造成了无量数的八股政治家，是一个消磨民族精力的最大损失。

红军之起，是要求经济的、政治的、民族的地位之平等，就政治的和民族的要求来说，目的是达到了。在经济方面，虽已推翻了蒙古人、色目人对汉族的控制特权，但就汉族和各族人民而说，地主对农民的剥削压迫却完全没有改变。

---

① 《元史》卷八一《选举志·科目》。

② 《明史》卷七〇《选举志》。

三

元末的地主是拥护旧政权的，在混乱的局面之下，他们要保存自己的地位，便用尽可能的力量组织私军来抵抗农民的袭击。等到新政权建立，事实证明能够保持地方秩序的时候，他们便毫不犹疑地参加了新政权，竭力拥护。同时一大批新兴的贵族、大臣、官吏获得了大量的田地，成为新的地主。新兴的政权和旧政权一样是为地主服务的。虽然在表面上不能不对农民做了一些让步，以便恢复和发展生产，巩固自己的统治。但在实质上，依然骑在农民的头上，吮吸农民的血汗。但是在革命的过程中，他们又不得不靠地主的财力和他们合作。在这矛盾的关系之下，产生了对地主的双重矛盾政策。他们一面仍旧和地主合作，让地主参加政治，如登用富户，《明史·选举志》：

俾富户耆民皆得进见，奏对称旨，辄予美官。[①]

洪武八年（1375年）特下诏举富民素行端洁达时务者。[②]如用地主为粮长：

洪武四年九月丁丑，上以郡县吏每遇征收赋税，辄侵渔

---

① 《明史》卷七一《选举志》。

② 《明史》卷二《太祖本纪》。

于民。乃命户部令有司科民田土，以万石为率。其中田土多者为粮长，督其乡之赋税。且谓廷臣曰：此以良民治良民，必无侵渔之患矣。[1]

《明史》记：

粮长者，太祖时令田多者为之，督其乡赋税。岁七月州县委官偕诣京师勘合以行。粮万石长、副各一人，输以时至，召见语合，辄蒙擢用。[2]

但在另一方面，则又极力排除地主势力。排除的方法第一是迁徙，如初年之徙地主于濠州：

吴元年十月乙巳，徙苏州富民实濠州。[3]

建国后徙地主实京师，《明史》记：

太祖惩元末豪强侮贫弱，立法多右贫抑富。尝命户部籍浙江等九布政司、应天十八府州富民万四千三百余户，以次

① 《明太祖实录》卷六八。

② 《明史》卷七八《食货志·赋役》。

③ 《明太祖实录》卷二六。

召见，徙其家以实京师，谓之富户。[①]

第二是用苛刑诛灭，方孝孺《采苓子郑处士墓碣》：

妄人诬其家与权臣（胡惟庸）通财。时严党与之诛，犯者不问实不实，必死而覆其家。当是时浙东西巨室故家多以罪倾其宗。[②]

不问实不实，必诛而覆其家，这是消灭地主的另一手段。

对农民方面，在开国时为了应付农民过去的要求和谋赋税之整顿，曾大规模地举行土地丈量：

元季丧乱，版籍多亡，田赋无准。明太祖即帝位，遣周铸等百六十四人复浙西田亩，定其赋税。复命户部核实天下土田。[③]

以后每平定一地后，即派人丈量土地，如：

洪武五年六月乙巳，命户部遣使度四川田，以蜀始平

① 《明史》卷七七《食货志》。
② 《逊志斋集》卷二二。
③ 《明史》卷七七《食货志》。

故也。[①]

洪武十九年（1386年），又再丈量一次，方孝孺《贞义处士郑君墓表》：

洪武十九年，诏天下度田，绘疆畛为图，命太学生莅其役。[②]

量度田亩方圆，次以字号，悉书主名及田之丈尺，编类为册，状如鱼鳞，号曰“鱼鳞图册”。另一方面则调查人口，编定黄册：

洪武十四年诏天下编赋役黄册。以一百一十户为一里，推丁粮多者十户为长，余百户为十甲，甲凡十人。岁役里长十人，甲首一人，董一里一甲之事，先后以丁粮多寡为序。

黄册以户为主，详具旧管、新收、开除、实在之数为四柱式。而鱼鳞图册以土田为主，诸原阪、坟衍、下隰、沃瘠、沙卤之别毕具。以鱼鳞图册为经，土田之讼质焉；黄册为纬，赋役之法定焉。凡买卖田土，备书税粮科则，官为籍记之，毋令产去税

---

① 《明太祖实录》卷七四。

② 《逊志斋集》卷二二。

存，以为民害。[1]这法度虽然精密，可是地主舞弊的方法也随之而进步，农民仍然和过去一样，要负几重义务，生活之困苦，并不因政权之转换而稍减。[2]

最后，元代滥发交钞的结果，财政破产，民生困瘁。《元史》记：

> 至正十一年置宝钞提举司，掌鼓铸至正通宝钱，印造交钞，令民间通用。行之未久，物价腾踊，价逾十倍。又值海内大乱，军储供给，掌赐犒劳，每日印造，不可数计。舟车装运，轴轳相接，交钞之散满人间者无处无之。昏软者不复行用，京师料钞十锭易斗粟不可得。既而所在郡县皆以物货相贸易，公私所积之钞，遂俱不行，人视之若弊楮，而国用由是遂乏矣。[3]

原来在初行钞法时，钞本和钞相权印造，钞本或为丝，或为银，分存在中央和地方，所以钞和物货能维持稳定的比率，流通无阻。到末年钞本移用一空，却一味印发，用多少就印多少，自然物价愈高，钞价愈跌，导致不能行使市面了。明兴以后，仍沿其弊。洪武初年铸大中通宝钱，商贾用钞惯了，都不愿用钱。洪

---

① 《明史》卷七七《食货志》；梁方仲《明代鱼鳞图册考》，载《地政月刊》，第8期。

② 吴晗《明代之农民》，载《盖世报史学》，第12—13期。

③ 《元史》卷九七《食货志·钞法》。

武七年（1374年）设宝钞提举司，造大明宝钞，命民间通行，分六等，曰一贯，曰五百文、四百文、三百文、二百文、一百文。每钞一贯，准钱千文，银一两，四贯准黄金一两。禁民间不得以金银物货交易，违者罪之。可是并无钞本，政府唯一的准备是允许用钞交纳赋税，初期凭政治的威力，虽然滥发，钞法尚通，后来钞价渐跌，钱重钞轻，一贯只值钱一百六十文，物价愈贵，政府虽屡次想法改进钞的价值，严禁其他货币行使，可是仍不相干。宣德初年米一石至用钞五十贯，成化时钞一贯至不值钱一文。这是蒙古人传给明代的一个最大祸害。

在这样一个局面之下，农民并没有从革命中得到什么好处，也许比从前还更糟，可是新的统治权并不因此而发生动摇。这有两个原因可以解释：第一是已经经过几十年的战争，农民已经厌倦了，不能再忍受那样的生活了，暂时能够苟安一下，虽然还是吃苦，也比在兵火之下转侧强一点。并且壮丁多已死亡，新统治者的军力超过旧政府远甚，农民只好屈服。第二是战争的结果，天然地淘汰了无数千万的人口，空出了大量无人耕种的土地，人口比过去少，土地却比过去多，农民生活暂时得到一个解决。元末残破的情形试举一例：

> 丁酉（1357年）十一月甲申，元帅缪大亨取扬州克之。青军元帅张明鉴降。明鉴日屠城中居民以为食，至是按籍，城中居民仅余十八家。知府李德林以旧城虚旷难守，乃截城

西南隅而守之。[①]

这是至正十七年（1357年）的事，扬州是江南最繁富的地方，几年的战争，便残破如此，其他各地的情形可想而知。土地空旷的情形也举一例：

> 洪武三年（1370年）六月丁丑，济南府知府陈修及司农官上言：北方郡县近城之地多荒芜，宜召乡民无田者垦辟，户率十五亩，又给地二亩，与之种蔬。有余力者不限顷亩，皆免三年租税。其马驿、巡检司、急递铺应役者各于本处开垦，无牛者官给之。守御军在远者亦移近城。若王国所在，近城存留五里以备练兵牧马，余处悉令开耕。从之。[②]

可是一过几十年，休养生息，人口又飞快地增加，土地又不够分配，同时政府的军力也逐渐衰敝，政治的腐化，政府和地主的苛索，又引起了接连不断的农民革命。[③]

---

① 《明太祖实录》卷五。

② 《明太祖实录》卷五三。

③ 吴晗《明代之农民》。

靖难之役 吴晗

明太祖在位三十一年（1368—1398年），皇太子标早卒，皇太孙允炆继位，是为惠帝（1398—1402年）。时太祖诸子第二子秦王樉、第三子晋王棡都已先死，第四子燕王棣、第五子周王橚和齐、湘、代、岷诸王都以叔父拥重兵，多不法。朝廷孤立。诸王中燕王最雄桀，兵最强，尤为朝廷所嫉。惠帝用黄子澄、齐泰计谋削藩，讨论应该先向谁动手：

> 泰欲先图燕，子澄曰："不然。周、齐、湘、代、岷诸王在先帝时尚多不法，削之有名。今欲问罪，宜先周。周王，燕之母弟（懿文太子标、秦王樉、晋王棡，李淑妃出。燕王棣、周王橚，碽妃出。参见吴晗：《明成祖生母考》，载《清华学报》，第10卷第2期），削周是削燕手足也。"[①]

定计以后，第一步先收回王国所在地之统治权，下诏："王国

① 《明史》卷一四一《黄子澄传》。

吏民听朝廷节制，唯护卫官军听王。”[1]建文元年（1399年）二月又下诏诸王毋得节制文武吏士。[2]收回兵权及在王国之中央官吏节制权。洪武三十一年（1398年）八月废周王橚为庶人。建文元年（1399年）四月湘王柏惧罪自焚死，齐王榑、代王桂有罪，废为庶人。六月废岷王楩为庶人。

燕王棣智勇有大略，妃徐氏为开国元勋徐达女，就国后，徐达数奉命备边北平，因从学兵法。徐达死后，诸大将因胡惟庸、蓝玉两次党案诛杀殆尽。燕王遂与秦、晋二王并当北边御敌之任。洪武二十三年正月与晋王率师往讨元丞相咬住、太尉乃儿不花，征虏前将军、颍国公傅友德等并听节制。三月师次迤都，咬住等降。[3]获其全部而还，太祖大喜。是后屡率诸将出征，并奉命节制沿边士马，威名大震。[4]洪武二十四年四月督傅友德诸将出塞，败敌而还。洪武二十六年三月冯胜、傅友德备边山西、北平，其属卫将校悉听晋王、燕王节制。洪武二十八年正月率总兵官周兴出辽东塞，自开原追敌至甫答迷城，不及而还。洪武二十九年率师巡大宁，败敌于彻彻儿山，又追败之于兀良哈秃城而退。洪武三十一年率师备御开平[5]。太祖死后，自以为三兄都已先死，论序当立，不肯为建文帝下。周、湘诸王相继得罪，遂决

---

① 《明史》卷一四一《齐泰传》，谷应泰《明史纪事本末》卷一五。

② 《明史》卷四《恭闵帝本纪》。

③ 《明史》卷三《太祖本纪》。

④ 《明史》卷四《成祖本纪》。

⑤ 《明史》卷三《太祖本纪》。

意反，阴选将校，勾军卒，收才勇异能之士，日夜铸军器。[1]建文元七月杀政府所置地方大吏，指齐泰、黄子澄为奸臣，援引《祖训》，入清君侧，称其师曰靖难。

兵起时建文帝正在和方孝孺、陈迪一些文士讨论周官法度，更定官制，讲求礼文。当国的齐泰、黄子澄也都是书生，不知兵事，以旧将耿秉文为大将往讨。八月耿秉文兵败于滹沱河，即刻召还，代以素不知兵的勋戚李景隆。时燕王已北袭大宁，尽得朵颜三卫骥骑而南。景隆乘虚攻北平不能克，燕王回兵大破之。建文二年四月燕王又败景隆兵于白沟河、德州，进围济南，三月不克，为守将盛庸所掩击，大败解围去。九月盛庸代李景隆为大将军。十二月大败燕兵于东昌，燕大将张玉战死，精锐丧失几尽。建文三年燕兵数南下，胜负相当。所攻下的城邑，兵回又为朝廷拒守。燕王所据有的地方，不过北平、保定、永平三府。恰好因惠帝待宫中宦官极严厉，宦官被黜责的逃奔燕军，告以京师虚实。十二月后复出师南下。朝廷遣大将徐辉祖（达子，燕王妃兄）据山东，与都督平安大败燕兵，燕军正预备逃回北平，建文帝又轻信谣言，以为燕兵已退，一面也不信任徐辉祖，召之还朝。前方势孤，遂接连战败。燕兵乘胜渡淮趋扬州，江防都督陈瑄以舟师迎降，速渡江围南京，谷王橞及李景隆开金川门迎降，宫中火起，建文帝不知所终。燕王入南京即帝位，是为成祖

① 《明史》卷一四五《姚广孝传》。

（1402—1424）。[1]

成祖入南京后做的第一件事是对主削藩议者的报复，下令大索齐泰、黄子澄、方孝孺等五十余人，榜其姓名曰奸臣，大行屠杀，施族诛之法，族人无少长皆斩，妻女发教坊司，姻党悉戍边。方孝孺之死，宗族亲友前后坐诛者至八百七十三人。[2]万历十三年（1585年）释坐孝孺谪戍者后裔凡千三百余人。[3]第二件事是尽复建文中所更改的成法和官制，表明他起兵的目的，是在拥护祖训和建文帝擅改祖制之罪。[4]由此《祖训》成为明朝一代治国的经典，太祖时所定的法令，到后来虽然时移事变，也不许有所更改。太祖时所曾施行的制度，也成为一代的金科玉律，无论无理到什么地步，也因为是祖制而不敢轻议。内中如锦衣卫和廷杖制，最为有明一代的弊政。为成祖所创的有宦官出使、专征、监军、分镇的制度和皇帝的侦察机关东、西厂。

---

① 《明史》卷三《恭闵帝纪》，卷四《成祖本纪》，卷一四四《盛庸传》，卷一二六《李文忠传》，卷一二五《徐达传》，《明史纪事本末》卷一六。

② 《明史纪事本末》卷一八。

③ 《明史》卷一四一《方孝孺传》。

④ 《明史》卷四《成祖本纪》，《燕王令旨》。

迁都北京 吴晗

成祖以边藩篡逆得位，深恐其他的藩王也学他的办法，再来一次靖难，即位之后，也采用建文帝的削藩政策，以次收诸藩王兵权，非唯不使干预政事，且设立种种苛禁以约束之。建文四年（1402年）徙谷王于长沙，永乐元年（1403年）徙宁王于南昌，以大宁地界从靖难有功之朵颜、福余、泰宁三卫，以偿前劳。[1]削代王、岷王护卫。永乐四年削齐王护卫，废为庶人。永乐十年削辽王护卫（辽王已于建文元年徙荆州）。永乐十五年谷王以谋反废。永乐十八年周王献三护卫。尽削诸王之权，于护卫削之又削，必使其力不足与一镇抗。[2]到宣宗时汉王高煦（成祖次子，宣宗叔父，学他父亲的办法要诛奸臣，入清君侧），武宗时安化王寘鐇、宁王宸濠果然援靖难之例，起兵造反。由此政府更设为厉禁，诸王行动不得自由，甚至出城省墓，亦须奏请。二王不得

① 《明史》卷三二八《三卫传》。

② 万言《管村文抄内编》卷二《诸王世表序》。

相见。[1]受封后即不得入朝。[2]甚至在国家危急时，出兵勤王亦所不许。[3]只能衣租食税，凭着王的位号，在地方上作威福，肆害官民。[4]王以下的宗人，生则请名，长则请婚于朝，国家养之终身，丧葬予费。[5]仰食于官，不使之出仕，又不许其别营生计，怕亵渎了皇家的尊严，“不农不仕，吸民膏髓”。[6]到后来生齿日繁，皇族的口数到了七八万，国家也养不起了。世宗时御史林润上疏说：

> 天下岁供京师粮四百万石，而诸府禄米至八百五十三万石。以山西言，存留百五十二万石，而宗禄二百二十二万。以河南言，存留八十四万三千石，而宗禄百九十二万。[7]

不得已大加减削，宗藩日困。枣阳王祐楒请“除宗人禄，使以四民业自为生。贤者用射策应科第”。政府要顾面子，还是不许[8]。万历二十二年（1594年）郑世子载堉再请求特许“宗室皆得儒服就试，毋论中外职，中式者视方品器使”[9]。从此宗室方得出

---

① 《明史》卷一二〇《诸王传》，卷一一九《襄王传》。
② 《明史》卷一一九《崇王传》。
③ 《明史》卷一一八《韩王传》，卷一一八《唐王传》。
④ 赵翼《廿二史劄记》卷三二《明分封宗藩之制》。
⑤ 《明史》卷一一六《诸王传序》。
⑥ 《明史》卷二一四《靳学颜传》。
⑦ 《明史》卷八二《食货志》。
⑧ 《明史》卷一一九《枣阳王传》。
⑨ 《明史》卷一一九《郑王传》。

仕。国家竭天下之力来养活十几万游荡无业的贵族游民，不但国力为之疲敝不支，实际上宗室又因不许就业而陷于困穷，衣令无着，势不能不作奸犯法，扰害平民。国家费钱，家室挨饿，平民受罪，这也是当时创立“祖制”的人所意想不到的。

成祖削藩的结果，宁、谷二王内徙，尽释诸王兵权，北边空虚。按照当时的形势，“四裔北边为急，倏来倏去，边备须严。若畿甸去远而委守将，则非居重取轻之道”[①]。于是有迁都北京之计，以北京为行在，屯驻重兵，皇帝亲自统率，抵御蒙古人之入侵：

> 太宗靖难之勋既集，切切焉为北顾之虑，建行都于燕，因而整戈秣马，四征弗庭，亦势所不得已也。銮舆巡幸，劳费实繁，易世之后，不复南幸，此建都所以在燕也。[②]

合政治与军事中心为一，以国都当敌。朱健曾为成祖迁都下一历史的地理的解释。他说：

> 自古建立都邑，率在北土，不止我朝，而我朝近敌为甚。且如汉袭秦旧都关中，匈奴入寇，烽火辄至甘泉。唐袭隋旧亦都关中，吐蕃入寇辄到渭桥，宋袭周旧都汴，西无

① 章潢《图书编》卷三三《论北龙帝都垣》。

② 顾炎武《读史方舆纪要·北直方舆纪要序》。

灵、夏，北无燕、云，其去契丹界，直浃旬耳。景德之后，亦辄至澶渊。三治朝幅员善广矣，而定都若此者何？制敌便也。我朝定鼎燕京，东北去辽阳尚可数日，去渔阳百里耳。西北去云中尚可数日，去上谷亦仅倍渔阳耳。近敌便则常时封殖者尤勤，常时封殖则一日规画措置者尤亟，是故去敌之近，制敌之便，莫有如今日者也。①

建都北京的最大缺点是北边粮食不能自给，必须仰给东南。海运有风波之险，由内河漕运则或有时水涸，或被“寇盗”所阻，稍有意外，便成问题，朱健说：

今国家燕都可谓百二山河，天府之国。但其间有少不便者，漕粟仰给东南，而运河自江而淮而黄，自黄而后自汶而卫，盈盈衣带，不绝如线，河流一涸，则西北之腹尽枵矣。元时亦输粟以供上都，其后兼行海运。然当群雄干命之时，烽烟四起，运道梗绝，惟有束手就困，此京师之第一当虑者也。②

要解决这两个困难，则第一必须大治河道，第二必须仍驻重兵于南京，镇压东南。成祖初年转漕东南，水陆兼挽，仍元人之

① 朱健《古今治平略》。
② 朱健《古今治平略》。

旧，参用海运，而海运多险，陆运亦劳费不赀。永乐九年（1411年）命宋礼开会通河。永乐十三年陈瑄凿清江浦，通北京漕运，由运河直达通州，而海陆运俱废。[1]运粮官军十二万人，有漕运总兵及总督统之。[2]十九年迁都北京后，以南京为留都，仍设五府六部官，并设南京守备，掌一切留守防护之事，节制南京诸卫所。[3]

永乐元年以北平为北京。四年诏以明年五月建北京宫殿。十八年北京郊庙宫殿成，诏以北京为京师，不称行在。[4]在实际上，自永乐七年以后，成祖多驻北京，以皇太子在南京监国。自丘福征本雅失里汗败死后，成祖五入漠北亲征。[5]自永乐十五年北巡以后，即不再南返。南京在事实上，从永乐七年成祖北巡以后，即已失去政治上的地位，十九年始正式改为陪都。

迁都之举，当时有一部分人不了解成祖的用心，力持反对论调。《明史》记：

> 初以殿灾，诏求直言。群臣多言都北京非便。帝怒，杀主事萧仪，曰："方迁都时，与大臣密计，久而后定，非轻举也。"[6]

---

① 《明史》卷八五《河渠志》。
② 《明史》卷七九《食货志》。
③ 《明史》卷八九《兵志》。
④ 《明通鉴》卷一七。
⑤ 《明史》卷五至卷六《成祖本纪》。
⑥ 《明史》卷一四九《夏原吉传》。

仁宗（1424—1425在位）即位后，胡濙从经济的立场，“力言建都北京非便，请还南都，省南北转运供亿之烦”[①]。胡濙武进人，为南方士大夫的领袖，他的意见可说是代表南方人民的舆论，政府于是又定计还都南京，洪熙元年（1425）三月诏北京诸司悉称行在。五月仁宗崩，迁都之计遂又搁置不行。[②]一直到英宗正统六年（1441）北京三殿两宫都已告成，才决定定都北京，诏文武诸司不称行在，仍以南京为陪都。[③]

成祖北迁以后，北京三面临敌，边防大重。东起鸭绿，西抵嘉峪，绵亘万里，分地守御。初设辽东、宣府、大同、延绥四镇，继设宁夏、甘肃、蓟州三镇，又加上太原、固原，是为九边。[④]每边各设重兵，统以大将，副以偏裨，监以宪臣，镇以开府，联以总督，无事则画地防守，有事则犄角为援。[⑤]失策的是即位后即徙封宁王于江西，把大宁一带地[⑥]，送给从征有功的朵颜三卫，三卫的占地，大致上从古北口到山海关隶朵颜卫，自广宁前屯卫西至广宁镇白云山隶泰宁卫，自白云山以北至开原隶福余卫。从此幽燕东北之险，中国与蒙鞑共之，胡马疾驰半日可到阙下。辽东、广宁、锦义等城从此和宣府、怀来隔断悬绝，声不

---

① 《明史》卷一六九《胡濙传》。

② 《明史》卷八《仁宗本纪》。

③ 《明史》卷一〇《英宗前纪》。

④ 《明史》卷九一《兵志》。

⑤ 黄道周《博物典汇》卷一九《九边》。

⑥ 今辽宁省平泉、内蒙古自治区赤峰等地。

相连。[1]又以东胜[2]孤远难守，调左卫于永平，右卫于遵化，而墟其地。[3]兴和为阿鲁台所攻，徙治宣府卫城而所地遂虚。[4]开平[5]为元故都，地处极边，西接兴和而达东胜，东西千里，最为要塞。从弃大宁后，宣府和辽东隔绝，开平失援，胡虏出没，饷道艰难，宣德五年（1430年）从薛禄议，弃开平，徙卫于独石。[6]后来“三岔河弃而辽东悚，河套弃而陕右警，西河弃而甘州危”[7]。国防遂不可问。初期国力尚强，对付外敌的方法，是以攻为守，太祖、成祖、宣宗三朝并大举北征，以兵力逼蒙古人远遁，使之不敢近塞。英宗以后，国力渐衰，于是只以守险为上策，坐待敌来，长城以北都要塞尽弃不守，只靠长城来挡住胡骑，而边警由之日亟。英宗正统十四年（1449年）瓦剌也先入寇围北京。世宗嘉靖二十九年（1550年）鞑靼俺答入寇薄都城。这两次的外寇，都因都城兵力厚不能得志，焚掠近畿而去。思宗崇祯十七年（1644年）李自成北上，宣府和居庸的守臣都开门揖敌，遂长驱进围北京，太监曹化淳又开门迎入，北都遂亡。由此看来，假如明成祖当时不迁都北京，自以身当敌冲，也许在前两次蒙古人入犯时，黄河以北已不可守，宋人南渡之祸，又要重演一次了。

---

① 严从简《殊域周咨录》卷一六《鞑靼》。
② 今内蒙古自治区托克托县及茂明安之地。
③ 《明史》卷九一《兵志》。
④ 《明史》卷四〇《地理志·京师》。
⑤ 在今内蒙古自治区多伦县地。
⑥ 《明史》卷四〇《地理志》，《殊域周咨录》第一七《鞑靼》，方孔炤《全边略记》卷三《宣府略》。
⑦ 《博物典汇》卷一九。

晚明仕宦阶级的生活 吴晗

一

晚明仕宦阶级的生活，除了少数的例外（如刘宗周之清修刻苦，黄道周之笃学正身），可以用“骄奢淫佚”四字尽之。田艺蘅《留青日札》记：“严嵩孙严绍庚、严鹄等尝对人言，一年尽费二万金，尚苦多藏无可用处。于是竞相穷奢极欲。”《明史·严嵩传》记鄢懋卿之豪奢说：“鄢懋卿持严嵩之势，总理两浙两淮长芦河东盐政，其按部尝与妻偕行，制五彩舆，令十二女子舁之。”万历初名相张居正奉旨归葬时：“真定守钱普创为坐舆，前舆后室，旁有两庑，各立一童子供使令，凡用舁夫三十二人。所过牙盘上食味逾百品，犹以为无下箸处。”这种阔阔的风气，愈来愈厉害，直到李自成、张献忠等起来，这风气和它的提倡者同归于尽。

其实，说晚明才有这样的放纵生活，也不尽然，周玺《垂光集·论治化疏》说：“中外臣僚士庶之家，靡丽奢华，彼此相尚，而借贷费用，习以为常。居室则一概雕画，首饰则滥用金宝，倡优下贱以绫缎为袴，市井光棍以锦绣缘袜，工匠役之人任意制造，殊不畏惮。虽朝廷禁止之诏屡下，而奢靡僭用之习自如。”[①]周玺是弘正时人（？—1508），可见在十六世纪初期的仕宦生活已经到这地步。风俗之侈靡，自上而下，风行草偃，渐渐地浸透了整个社会。堵允锡曾畅论其弊，他说：“冠裳之辈，怡堂成习，厝火忘危，膏粱文绣厌于口体，宫室妻妾昏于志虑，一篚之费数金，一日之供中产，声伎优乐，日缘而盛。夫缙绅者士民之表，表之不戒，尤以成风。于是有纨绔子弟，益侈豪华之志以先其父兄，温饱少年亦竞习裘马之容以破其家业，挟弹垆头，吁庐伎室，意气已骄，心神俱溃，贤者丧志，不肖倾家，此士人之蠹也。于是又有游手之辈，习谐媚以蛊良家子弟，市井之徒，咨凶谲以行无赖之事，白日思群，昏夜伏莽，不耕不织，生涯问诸傥来，非士非商，自业寄于亡命，狐面狼心，冶服盗质，此庶人之蠹也。如是而风俗不致颓坏，士民不致饥寒，盗贼不致风起者未之有也。”[②]

二

大人先生有了身份、有了钱以后，饱食终日，无所用心，自然而然会刻意去谋生活的舒适，于是营居室，乐园亭，侈饮食，备仆从，再进而养优伶，召伎女，事博弈，蓄姬妾，雅致一点的更提倡玩古董，讲版刻，组文会，究音律，这一集团人的兴趣，

① 《垂光集》卷一。

② 《堵文忠公集·救时十二议疏》。

使文学、美术、工艺、金石学、戏曲、版本学等部门有了飞跃的进展。

八股家幸而碰上了机会，得了科第时，第一步是先娶一个姨太太（以今较昔，他们的黄脸婆还有不致被休的运气），王崇简《冬夜笔记》："明末习尚，士人登第后，多易号娶妾。故京师谚曰：改个号，娶个小。"第二步是广营居室，做大官的邸舍之多，往往骇人听闻，田艺蘅记严嵩籍没时之家产，光是第宅房屋一项，在江西原籍共有六千七百四间，在北京共一千七百余间。[①]陆炳当事时，营别宅至十余所，庄园遍四方。[②]郑芝龙田园遍闽粤，在唐王偏安一隅的小朝廷下，秉政数月，增置仓庄至五百余所。[③]

士大夫园亭之盛，大概是嘉靖以后的事。陶奭龄说："少时越中绝无园亭，近亦多有。"[④]奭龄是万历时代人，可见在嘉隆前，即素称繁庶的越中，士大夫尚未有经营园亭的风气。园亭的布置，除自己出资建置外，大抵多出于门生故吏的报效。顾公燮《消夏闲记》卷上说："前明缙绅虽素负清名者，其华屋园亭佳城南亩，无不揽名胜，连阡陌。推原其故，皆系门生故吏代为经营，非尽出己资也。"王世贞《游金陵诸园记》记南京名园除王公贵戚所有者外，有王贡士杞园、吴孝廉园、何参知露园、卜太

① 《留青日札》。

② 《明史》卷三〇七《陆炳传》。

③ 林时对《荷锸丛谈》卷四。

④ 《小柴桑喃喃录》卷下。

学味斋园、许典客长卿园、李象先茂才园、汤太守熙召园、陆文学园、张保御园等。《娄东园亭志》仅太仓一邑有田氏园、安氏园、王锡爵园、杨氏日涉园、吴氏园、季氏园、曹氏杜家桥园、王世贞弇州园、王士骐约园、琅玡离赘园、王敬美澹园等数十园。园亭既盛，张南垣至以叠石成名："三吴大家名园，皆出其手。其后东至于越，北至于燕，召之者无虚日。"[①]

对于饮食衣服尤刻意求精，互相侈尚。《小柴桑喃喃录》卷上记："近来人家酒席，专事华侈，非数日治具，水陆毕集，不敢轻易速客。汤饵肴蔌，源源而来，非惟口不给尝，兼亦目不周视，一筵之费，少亦数金。"平居则"耽耽逐逐，日为口腹谋"。张岱《陶庵梦忆》自述："越中清馋无过余者，喜啖方物。北京则苹婆果，黄鼠，马牙松。山东则羊肚菜，秋白梨，文官果，甜子。福建则福橘，福橘饼，牛皮糖，红腐乳。江西则青根，丰城脯。山西则天花菜。苏州则带骨鲍螺，山查丁，山查糕，松子糖，白圆，橄榄脯。嘉兴则马交鱼脯，陶庄黄雀。南京则套樱桃，桃门枣，地栗团，窝笋团，山查糖。杭州则西瓜，鸡豆子，花下藕，韭芽，元笋，塘栖蜜橘。萧山则杨梅，莼菜，鸠鸟，青鲫，方柿。诸暨则香狸，樱桃，虎栗。嵊则蕨粉，细榧，龙游糖。临海则枕头瓜。台州则瓦楞蚶，江瑶柱。浦江则火肉。东阳财南枣。山阴则破塘笋，谢橘，独山菱，河蟹，三江屯蛏，白蛤，江鱼，

---

① 黄宗羲《撰杖集·张南垣传》。

鲥鱼，里河鳌。远则岁致之，近则月致之，日致之。”[1]衣服则由布袍而为细绢，由浅色而改淡红。范濂《云间据目钞》记云间风俗，虽然只是指一个地方而言，也足以代表这种由俭朴而趋奢华的时代趋势。他说：“布袍乃儒家常服，周年鄙为寒酸，贫者必用绸绢色衣，谓之薄华丽。而恶少且从典肆中觅旧段旧服翻改新起，与豪华公子列坐，亦一奇也。春元必用大红履，儒童年少者必穿浅红道袍，上海生员冬必穿绒道袍，暑必用绉巾绿伞，虽贫如思丹，亦不能免。稍富则绒衣巾，盖益加盛矣。余最贫，尚俭朴，年来亦强服色衣，乃知习俗移人，贤者不免。”明代制定士庶服饰，不许混淆，嘉靖以后，这种规定亦复不能维持，上下群趋时髦，巾履无别。范濂又记：“余始为诸生时，见朋辈戴桥梁绒线巾，春元戴金线巾，缙绅戴忠靖巾。自后以为烦俗，易高士巾素方巾，复变为唐巾晋巾汉巾褊巾。丙午（1606年）以来皆用不唐不晋之巾，两边玉屏花一双，而年少貌美者加犀玉奇簪贯发。”他又很愤慨地说：“所可恨者，大家奴皆用三镶宦履，与士官漫无分别，而士官亦喜奴辈穿着，此俗之最恶者也。”

三

士大夫居官则狎优纵博，退休则广蓄声伎，宣德间都御史刘观每赴人邀请，辄以妓自随。户部郎中肖翔等不理职务，日

① 张岱《陶庵梦忆》卷四《方物》。

惟挟妓酣饮恣乐。[1]曾下饬禁止："宣德四年（1429年）八月丙申，上谕行在礼部尚书胡濙曰：祖宗时文武官之家不得挟妓饮宴。近闻大小官私家饮酒，辄命妓歌唱，沉酣终日，怠废政事。甚者留宿，败礼坏俗。尔礼部揭榜禁约，再犯者必罪之。"[2]妓女被禁后，一变而为小唱，沈德符说："京师自宣德顾佐疏后，严禁官妓，缙绅无以为娱，于是小唱盛行，至今日几如西晋太康矣。"[3]实际上这项禁令也只及于京师居官者，易代之后，勾栏盛况依然。《冰华梅史》有《燕都妓品序》："燕赵佳人，颜美如玉，盖自古艳之。矧帝都建鼎，于今为盛，而南人风致，又复袭染熏陶，其色艳宜惊天下无疑。万历丁酉庚子（1597—1600年）其妖冶已极。"所定花榜借用科名条例有状元、榜眼、探花之目。称妓则曰老几，茅元仪《暇老齐杂记》卷四："近来士人称妓每曰老，如老一老二之类。"同时曹大章有《秦淮士女表》，《萍乡花史》有《广陵士女殿最序》。余怀《板桥杂记》记南京教坊之盛："南曲衣裳妆束，四方取以为式。"崇祯中四方兵起，南京不受丝毫影响，依然征歌召妓："宗室王孙，翩翩裘马，以及乌衣子弟湖海宾游，靡不挟弹吹箫，经过赵李，每开筵宴，则传呼乐籍，罗绮芬芳，行酒纠觞，留髡送客，酒阑棋罢，堕珥遗簪，真欲界之仙都，升平之乐

① 《明宣宗实录》卷五六。

② 《明宣宗实录》卷五七。

③ 《野获编》卷二四。

国也！”①

私家则多蓄声伎，穷极奢侈。万历时理学名臣张元忭后人的家伎在当时最负盛名。《陶庵梦忆》卷四《张氏声伎》条记：“我家声伎，前世无之。自大父于万历年间与范长白邹愚公黄贞父包涵所诸先生讲究此道，遂破天荒为之。有可餐班，次则武陵班，……再次则梯仙班，……再次则吴郡班，……再次则苏小小班，……再次则平子茂苑班，……主人解事日精一日，而傒僮伎艺则愈出奇愈。”阮大铖是当时最负盛名的戏曲作家，他的家伎的表演最为张宗子所称道。同书卷八记：“阮元海家优讲关目，讲情理，讲筋节，与他班孟浪不同。然其所打院本又皆主人自制，笔笔勾勒，苦心尽出，与他班卤莽者又不同。故所搬演本本出色，脚脚出色，出出出色，句句出色，字字出色。”士大夫不但蓄优自娱，谱制剧曲，并能自己度曲，压倒伶工。沈德符记：“近年士大夫享太平之乐，以其聪明寄之剩技。吴中缙绅留意音律，如太仓张工部新、吴江沈吏部璟、无锡吴进士澄时俱工度曲，每广座命伎，即老优名倡俱皇遽失措，真不减江东公瑾。”②风气所趋，使梨园大盛，所演若《红梅》《桃花》《玉簪》《绿袍》等记不啻百种：“括共大意，则皆一女游园，一生窥见而悦之，遂约为夫妇。其后及第而归，即成好合。皆徒撰诡名，毫无古事可考，且意俱相同，毫无足喜。”乡村每演剧以祷神：“谓不以戏为

---

① 余怀《板桥杂记》。

② 《野获编》卷二四。

祷，则居民难免疾病，商贾必值风涛。”[①]豪家则延致名优，陈懋仁《泉南杂志》：“优伶媚趣者不吝高价，豪奢家攘而有之，婵鬓傅粉，日以为常。”使一向被贱视的伶工，一旦气焰千丈。徐树丕《识小录》记吴中在崇祯十四年（1641年）奇荒后的情形：“辛巳奇荒之后，……优人鲜衣美食，横行里中。人家做戏一台，一本费至十余金，而诸优犹恨恨嫌少。甚至有乘马者、乘舆者、在戏房索人参汤者，种种恶状。然必有乡绅主之，人家惴惴奉之，得一日无事便为厚矣。”优人服节有至千金以上者。[②]男优之外，又有女戏：“十余年来苏城女戏盛行，必有乡绅主之。盖以倡兼优而缙绅为之主。”[③]亦有缙绅自教家姬演戏者，张岱记朱云崃女戏，“西施歌舞，对舞者五人，长袖缓带，绕身若环，曾挠摩地，扶旋猗那，弱如秋乐；女官内侍，执扇葆璇盖、金莲宝炬、纨扇宫灯二十余人，光焰荧煌，锦绣纷叠，见者错愕”[④]。刘晖吉女戏则以布景著：“刘晖吉奇情幻想，欲补从来梨园之缺陷；如唐明皇游月宫，叶法善作，场上一时黑魆地暗，手起剑落，霹雳一声，黑幔忽收，露出一月，其圆如规，四下以其羊角染五色云气，中坐常仪，桂树吴刚，白兔捣药。轻纱幔之内，燃赛月明数株，光焰青黎，色如初曙，撤布成梁，遂蹑月窟，境界神奇，忘其为戏也。”[⑤]

---

① 汤来贺《梨园说》。

② 黄宗羲《南雷集子·刘子行状》。

③ 《识小录》卷二。

④ 《陶庵梦忆》卷二。

⑤ 《陶庵梦忆》卷五。

四

士大夫的另一种娱乐是赌博。顾炎武《日知录》记："万历之末太平无事，士大夫无所用心，间有相从赌博者。至天启中始行马吊之戏，而今之朝士若江南、山东几于无人不为此。有如韦昭论所云穷日尽明，继以脂烛，人事旷而不修，宾旅阙而不接。"甚至有"进士有以不工赌博为耻"的情形。吴伟业又记当时有叶子戏："万历末年，民间好叶子戏，图赵宋时山东群盗姓名于牌而斗之，至崇祯时大盛。有曰闯，有曰献，有曰大顺，初不知所自起，后皆验。"[①]缙绅士大夫以纵博为风流，《列朝诗集小传》记："福清何士壁跅弛放迹，使酒纵博。""皇甫冲博综群籍，通挟凡击毬音乐博弈之戏，吴中轻侠少年咸推服之。""万历间韩上桂为诗多倚待急就；方与人纵谈大噱，呼号饮博，探题立就，斐然可观。"此风渐及民间，结果是如沈德符所说："今天下赌博盛行，其始失货财，甚则鬻田宅，又甚则为穿窬，浸成大伙劫贼，盖因本朝法轻，愚民易犯。"[②]

自命清雅一点的则专务搜古董，巧取豪夺："嘉靖末年海内宴安，士大夫富厚者以治园亭教歌舞之际，间及古玩。如吴中吴文恪之孙，溧阳史尚宝之子，皆世藏珍秘，不假外索。延陵则稽太史应科，云间则朱太史大韶，携李项太学，锡山安太学华户部

① 《绥寇纪略》卷一二。
② 《野获编补遗》卷三。

辈不吝重资收购，名播江南。南部则姚太史汝循、胡太史汝嘉亦称好事。若辈下则此风稍逊，惟分宜严相国父子、朱成公兄弟并以将相当途，富贵盈溢，旁及雅道，于是严以势劫，朱以货贿，所蓄几及天府。张江陵当国亦有此嗜。董其昌最后起，名亦最重，人以法眼归之。”[①]年轻气盛少肯读书的则组织文社，自相标榜，以为名高。《消夏闲记》下：“文社始于天启甲子张天如等之应社……推大讫于四海。于是有广应社、复社、云间有几社，浙江有闻社，江北有南社，江西有则社，又有历亭席社，昆阳云簪社，而吴门别有羽朋社，武林有读书社，山左有大社，佥会于吴，统于复社。”以讥弹骂詈为事，黄宗羲讥为学骂，他说：“昔之学者学道者也，今之学者学骂者也。矜气节者则骂为标榜，志经世者则骂为功利，读书作文者则骂为玩物丧志，留心政事者则骂为俗吏，接庸僧数辈则骂考亭为不足学矣，读艾千子定待之尾，则骂象山阳明为禅学矣。濂溪之主静则盘桓于腔子中者也，洛下之持敬则曰是有方所之学也。逊志骂其学误主，东林骂其党亡国，相讼不决，以后息者为胜。”[②]老成人物则伪标讲学，内行不修。艾南英《天佣子集》曾提及江右士夫情形：“敞乡理学之盛，无过吉安，嘉隆以前，大概质行质言，以身践之。近岁自爱者多而亦不无仰愧前哲者。田土之讼，子女之争，告讦把持之风日有见闻，不肖视其人皆正襟危坐以持论相高者也。”[③]

---

① 《野获编》卷二六。

② 《南雷文案》卷一七。

③ 艾南英《天佣子集》卷六《复陈怡云公祖书》。

仕宦阶级有特殊地位，也自有他们的特殊风气。《小柴桑喃喃录》卷下说："士大夫膏肓之病，只是一俗，世有稍自脱者即共命为迂为疏为腐，于是一入仕途，则相师相仿，以求入乎俗而后已。如相率而饮狂泉，亦可悲矣。"在这情形的社会，谢肇淛说得最妙："燕云只有四种人多，奄竖多于缙绅，妇女多于男子，倡伎多于良家，乞丐多于商贾。"[①]

① 《五杂俎》卷三。

清朝的统治手段 雷海宗

一 疆土

大清帝国的疆土可与汉唐盛时相比拟。关外各地先后统一，入主中国后又向西北发展，乾隆时代清朝的领土达到最广的限度。清朝全盛时疆域十分辽阔，北起漠北和外兴安岭，南至南海、东沙、中沙、南沙、西沙诸群岛，西起巴尔喀什湖和葱岭，东至库页岛和台湾。清廷所绘制的地图明确地记载了当时中国疆域的四至。

二 剃发

满人虽在关外时就受了中国文化很深的影响，但勉强汉人剃发改装，表示他们被征服的地位。清军初进北京，摄政王多尔衮即下令，“凡投诚官吏军民”，一律剃发，圣人之后也不能例外。剃发易服严重伤害了汉人的民族感情，直隶三河县[①]首先发难，起而反抗，各州县随即响应。多尔衮迫于形势，只得取消剃发令。

① 三河县：今河北省三河市。

第二年，南明福王被俘，李自成也已败亡，多尔衮以为大局已定，再次降旨剃发。江南士民大愤，苏州、嘉兴、松江等已降州县纷纷击杀清朝官吏，起兵抗清。著名的江阴抗战亦起于剃发令的颁布。清军围攻江阴，遭到顽强抵抗，历时三月。城破后，清军屠城三日，“满城杀尽，然后封刀”。

同时当然也有人特别殷勤地赶先改从满俗。弘文院大学士冯铨、礼部侍郎李若琳没等剃发令下，就抢先剃发，以示效忠。有同僚攻击冯铨曾是阉宦魏忠贤党羽，冯铨便攻击对方曾归顺“反贼”李自成，一时丑态百出。

三　旗地

随着八旗军民进入北京，清朝下达了圈地令。圈占的土地统称为“旗地”。旗地在理论上是明朝的官田与无主的田地，但实际上民房以及茔地也往往被圈。民田被占的也不少，并且圈占的目的不见得都为耕种，很多人失去土地，流离失所，处境困苦不堪。

满族王公贵族及八旗官兵在旗地上建立起各种屯庄，为了保证屯庄上有足够的奴仆为其耕作，在顺治初年清朝统治者还实行了逼民“投充”的政策。即允许各旗招收“贫民”以为“役使之用”，后来竟发展到“不论贫富，相率投充”的地步。而富者或害怕土地被圈，或为逃避赋役，或为寻求庇护，则携带房屋、土地投充。而汉人一旦投充，在身份上便降为奴仆，失去了人身自由。

四　降臣

清朝虽在关内关外都曾得明朝降臣的助力不少，但降臣有罪必受重刑。陈名夏降清后，任吏部侍郎。顺治八年（1651年），张煊弹劾他“结党营私”，陈之遴奏劾他“谄事睿亲王（多尔衮）”。顺治十一年因倡言“留发复衣冠，天下即太平”又被宁完我弹劾。第二天，顺治帝亲自讯问，侍臣当众宣读宁完我的劾奏，不等侍臣读毕，名夏极力辩白。帝大怒：“即使要辩解，为何不等宣读完毕？”命陈名夏跪着与宁完我对质。刑科右给事中刘余谟、御史陈秉彝替陈名夏缓颊，双方争执不下。刘余谟喋喋不休，帝为之大怒，下令将其革职，审讯继续进行。陈名夏被转押吏部，吏部主张论斩。后又改绞死。陈名夏之子陈掖臣被押到北京，杖四十，流放东北。

后来乾隆皇帝又在国史中特立《贰臣传》一项，专门去侮辱已死的降臣与降臣的子孙。《贰臣传》分甲、乙两编，共收入明末清初在明清两朝为官的人物一百二十余人。如祖大寿等人，是当时清政权下了很大功夫争取过来的。他们怎么也没有想到，百年之后，会被列入《贰臣传》中。

五　文人

因文人对先朝不能完全忘情，所以清初也对他们压迫得最烈。一切结社都被禁止，科场中也屡次借题威吓。顺治九年三月，大学士范文程等言：“会试中式第一名举人程可则，文理荒

谬，首篇尤悖戾经注。”命革中式，并治考官罪。（蒋良骐《东华录》）

世宗时，猜忌更深，文字狱愈烈。雍正六年（1728年）的曾静、吕留良之狱，致使早已作古的吕留良、吕葆中父子被开棺戮尸，枭首示众；吕毅中斩立决；吕留良诸孙发遣宁古塔给披甲人为奴；家产悉数没收。吕留良的学生也受到株连，或斩或流放。而曾静供词及忏悔录，集成《大义觉迷录》一书，刊后颁发全国所有学校，命教官督促士子认真观览晓悉，玩忽者治罪。又命人带领曾静、张熙到各地宣讲。乾隆帝继位后，将曾静、张熙解到京师，凌迟处死，并列《大义觉迷录》为禁书。

雍正年间，翰林院庶吉士徐骏在奏章里，把“陛下”的“陛”字错写成“狴”，雍正见了，马上把徐骏革职。后来又在徐骏的诗集里找出“清风不识字，何事乱翻书”“明月有情还顾我，清风无意不留人”，于是雍正认为这是存心诽谤，照大不敬律斩立决。

后来高宗编纂《四库全书》，在消极方面可说是一个彻底澄清的大文字狱。乾隆借纂修《四库全书》之机向全国征集图书，贯彻“寓禁于征”的政策，对不利于清朝统治的书籍，分别采取全毁、抽毁和删改的办法，销毁和篡改了大批文献。

六　刚柔并施

专事高压，不是聪明的政策，所以清朝也用柔和的手段去牢笼汉人。文人不忘故国，圣祖康熙于是请他们修《明史》。文人好古，圣祖就大规模地搜求遗书，并使他们从事各种编辑的工作。清室于是向明陵表示敬意，并请明室的后嗣入旗，世袭侯爵。为了收买民心，康熙、雍正年间又屡次设法减轻赋税。

明末的情形虽是一团糟乱，但张居正推行一条鞭法，最少在理论上曾把田赋丁粮简单化。清代继续推行这种政策，最后将丁粮完全取消，“圣祖特颁恩诏，自康熙五十年以后滋生人丁永不加赋”（《清朝文献通考·户口考一》）。后来又逐渐将丁银摊入田赋征收，废除了以前的“人头税”，所以无地的农民和其他劳动者摆脱了千百年来的丁役负担；地主的赋税负担加重，也在一定程度上限制或缓和了土地兼并；而少地农民的负担则相对减轻。

同时，政府也放松了对户籍的控制，农民和手工业者从而可以自由迁徙，出卖劳动力。有利于调动广大农民和其他劳动者的生产积极性，促进社会生产的进步。这在多一事必多一弊的传统中国的确是一件德政。明代野蛮政治下所强迫下贱化的臣民，以及来历不明的各种贱民，也都被正式解放。

七　改土归流与西南夷之汉化

西南夷虽在战国时代就受了中国文化的影响，秦汉以下在政治上也大致属于中国，但一直到明朝始终没有完全汉化。

为了解决土司割据的积弊，雍正四年（1726年），云贵总督鄂尔泰建议取消土司世袭制度，设立府、厅、州、县，派遣有一定任期的流官进行管理。雍正帝对此甚为赞赏，令其悉心办理。六年，又命贵州按察使张广泗在黔东南推行改土归流政策。在废除土司世袭制度时，对土司本人，根据他们的态度给予不同的处理。对自动交印者，酌加赏赐，或予世职，或给现任武职。对抗拒者加以惩处，没收财产，并将其迁徙到内地省份，另给田房安排生活。在设立府县的同时，添设军事机构。清政府在改土归流地区清查户口，丈量土地，征收赋税，建城池，设学校；同时废除原来土司的赋役制度，与内地一样，按地亩征税，数额一般少于内地，土民所受的剥削稍有减轻。改土归流的地区，包括滇、黔、桂、川、湘、鄂六省。改土归流废除了土司制度，减少了叛乱因素，加强了政府对边疆的统治，有利于少数民族地区社会经济的发展。

改土归流的政策推行成功，是外族的清朝对中国的一个大贡献。这与明代闽粤人发展成熟，是民族史上同样的大事。

八　衰征与内乱

历史上没有一个能维持永久的朝代，清朝在入主中国的外族朝代中是寿命最长的，在中国历史上所有的一统朝代中也是能维持盛世最久的。但到乾隆、嘉庆之际，衰落的征兆渐渐明显。当初的兵制十分健全，分为八旗兵和绿营兵。八旗兵以镶黄、正黄、正白、正红、镶白、镶红、正蓝、镶蓝等八种旗帜为标志。“旗”本为满族“兵民合一”的社会组织，兼有掌管军事、政治、生产三个方面的职能。凡旗人男丁皆可为兵，平时生产，战时打仗。绿营兵是参照明朝军卫制度改编和新招的汉兵。以绿旗为标志，以营为建制单位，因而得名。绿营仅有极少数驻京师，称巡捕营，隶属八旗步军营统领。其余分屯各省，依所辖地域之大小、远近、险要和人口的多少确定兵额，列汛分营，“以慎巡守，备征调”。

但随着满人入关日久，兵制基础的旗人渐趋堕落，圈占的旗地多被变卖。同时，长期的治平之下人口大增，生活困难，各地都有邪教的宣传或暴动，连皇城也被教匪攻入。原有的旗兵绿营虽尚未到全不可用的地步，但平定内乱已需要新募乡勇的助力，曾国藩的湘军就是这种形式。

传统政治文化之总崩溃（节选） 雷海宗

一 背景

中国虽自宋以下日趋没落，但汉武帝征服四夷后所建起的天朝观念仍然未变。

乾隆五十八年（1793年），英国为打开同中国的贸易，派特使马戛尔尼，以补祝乾隆帝八十寿辰为名，率七百余人的庞大使团访华。清廷仍以天朝大国接见四夷贡使的习惯思维待之。觐见乾隆前，清朝的接待官员发现英国人不肯向皇帝下跪叩头，这让他们非常头疼。要知道，其他国家的贡使和传教士以前都是下跪的。但马戛尔尼坚决不肯，他说即使在英国国王面前，他也只是行单膝下跪礼，他声称绝不对别国君主施高过自己国君的礼节。只有在上帝的面前，他才会双膝下跪。一番争执之后，乾隆帝恩准马戛尔尼只单膝下跪的要求。

接见完毕，乾隆赐英吉利王一道敕书，大意是："回去告诉你们的国王！鉴于你们倾心于中华文化，不远万里地派遣使节前来叩祝我的万寿，我见你词意恳切恭顺，深为嘉许。但你们表奏上说要派你国人常驻天朝，照管你国买卖，这和天朝的体制不相符合，万万不行。西洋国家很多，又不是只你一国，如果大家都请求派人留居北京，如何是好？所以不能因你一国的请求，破坏天朝的制度。天朝富有四海，奇珍异宝早已司空见惯，看在你们诚心诚意、远道而来的分上，我已下令让有关部门收纳你们的贡品。天朝的恩德和武威，普及天下，任何贵重的物品，应有尽有，所以不需要你国货物，特此告知。”（刘锦藻《清朝续文献通考·四夷考·英吉利》）

清廷自恃“天朝物产丰盈，无所不有”，因循保守，闭关锁国，禁锢了中国人的思想，扼杀了中国人的进取精神，使中国贻误了走向世界的机遇，拉大了同西方的差距。

晚清时，自秦汉以下所建起的中国文化独尊观念仍为士大夫阶级所深信，同时一般国人甚至多数的士大夫实际却非常幼稚，对外人不能了解，专会捏造轻信种种的妖语浮言。

这样一个既傲慢又幼稚的民族绝不能对付一个政治与文化都正旺盛的西洋，各种既滑稽又悲惨的冲突很自然地继续发生。

中国政治上的无作为由宋以下的屡次失败与亡国早可看出，文化上的弱点从此也日益明显。明末清初的葡萄牙人、荷兰人与传教士不过是西洋势力的前哨，到清末西洋各国大规模向中国冲入的时候，中国无论朝廷，或士大夫，或一般人民都忙得手足无措，两千年来所种下的业缘至此要收获必然的苦果。

二　鸦片战争前后

清代承袭明代旧制，乾隆以下将一切通商事宜都归并于广东一地，对外人通商又有种种合乎情理与不合情理的限制，官僚的贪污与地方人民的欺诈更加重这些规例的苦痛。西洋各国在英国率领之下屡与中国交涉，要求废除苛例，并准许使臣与领事常驻中国。西洋最后的目的是要将广大的中国市场全部开放。中国方面却大半采用虚张声势与苟且拖延的政策，最后引起严重的冲突是很自然的。

在西洋人或认通商为主要的问题，但中国方面自道光初年以下感到最成问题的是鸦片毒药的大批输入与白银宝货的大量输出。所以中国与英国第一次的兵戎相见，无论西洋人或后代的历史家如何看法，在当时中国人的心目中确是一个鸦片战争。战争的结果是中国大败，所以在和约中中国所认为重要的鸦片问题并未解决，只解决了西洋人所注意的通商问题。

但和约签字后，中国仍想以不了了之的方法去拖延条约的施行，因而引起第二次中西的大冲突，一直等外兵攻到京师，中国才知道这件事不是拖延政策所能解决的，只得加设政治机关，专门应付外交通商事务。这可说是天朝观念开始动摇的征象。

三　甲午戊戌与庚子辛丑

英法联军以后，中国对外没有再受严重的挫折，以为大势已无问题。一直到甲午战争，被素来所轻视的日本打败，在羞愤之下才知道自己实在衰弱不堪，非设法振作不可。

1895年4月，日本逼迫中国签订《马关条约》的消息传到北京，康有为发动在北京应试的一千三百多名举人联名上书光绪皇帝，痛陈民族危亡的严峻形势，提出拒和、迁都、练兵、变法的主张，史称“公车上书”。这次上书，对清政府触动不大，却轰动了全国。“公车上书”揭开了维新变法的序幕。

在维新人士和帝党官员的积极推动下，1898年6月11日，光绪皇帝颁布《明定国是诏》，宣布变法。新政从此日开始，到9月21日慈禧太后发动政变为止，历时一百零三天，史称“百日维新”。

在此期间，光绪皇帝根据康有为等人的建议，颁布了一系列变法诏书和谕令。主要内容有：经济上，设立农工商局、路矿总局，提倡开办实业，修筑铁路，开采矿藏，组织商会，改革财政；政治上，广开言路，允许士民上书言事；军事上，裁汰绿营，编练新军；文化上，废八股，兴西学，创办京师大学堂，设译书局，派留学生，奖励科学著作和发明。这些革新政令，目的在于学习西方文化、科学技术和经营管理制度，发展资本主义，建立君主立宪政体，使国家富强。

新政措施虽未触及帝制统治的基础，但是，这些措施代表了新兴资产阶级的利益，为顽固势力所不容。清政府中的一些权贵显宦、守旧官僚对新政措施阳奉阴违，托词抗命。1898年9月21日凌晨，慈禧太后突然从颐和园赶回紫禁城，直入光绪皇帝寝宫，将光绪皇帝囚禁于中南海瀛台；然后发布训政诏书，再次临朝“训政”。9月28日，在北京菜市口将谭嗣同、杨锐、刘光第、林旭、杨深秀、康广仁六人杀害；徐致靖被处以永远监禁；张荫桓被遣戍新疆。所有新政措施，除7月开办的京师大学堂（今北京大学）外，全部都被废止。

变法失败后，一切旧制随之复辟。反动政府，不只废除新政，并且想借义和团的神力歼灭洋人，以为将中国的洋人全部杀掉，天下就可太平无事！

当初，义和团在直隶、京津地区的迅速发展，引起清廷的不安。在如何对待义和团的问题上，清廷内部多次发生激烈的争吵，有人主“剿”，有人主“抚”。最终，慈禧太后“决计不将义和团剿除”，认为“以之抵御洋人，颇为有用”。主抚派占了上风。从此，义和团在清廷的默许下大批进入北京和天津。同时适逢八国联军攻破大沽炮台，中国于是揭开假面具，正式向全世界宣战。这是历来既傲慢又幼稚的民族特征所演出的滑稽惨剧，最后为自己制造了政治上与经济上无穷的负担，清朝的命运也随着到了末路。

四　科举废除与帝制推翻

传统的中国，在制度方面可以帝制为象征，在文化方面可以科举为象征。经过西洋七十年的打击之后，自宋以下勉强支持的中国不能再继续挣扎，传统中国的两个古老象征也就随着清朝一并消灭。

义和团之乱平定以后，清廷就明令废除八股文。1901年后，随着清廷“新政”的推行，政治、军事、工商、法律、教育文化等方面发生一系列变革，对新式人才的需求与日俱增，废科举几乎成了全国上下的一致呼声。1902年清廷颁布《钦定高等学校章程》，鼓励高等学堂开设算学、物理、化学、历史、地理、动植物和外文。终于，1905年9月2日，袁世凯、张之洞等一批实权大臣联合上奏，要求废除科举制，大力兴办学堂，得到了慈禧太后和光绪皇帝的批准，下诏从1906年停止所有科举考试，科举制遂寿终正寝。

科举既被废除，从此专靠新式学校培养人才。国内遍立学校之外，又派学生往东西各国留学。

早在19世纪70年代，清廷重臣曾国藩、李鸿章、左宗棠等倡导发起了“师夷长技以制夷”的洋务运动，希望利用西方的科学文化知识挽救垂死的清王朝。从1872年到1875年，清政府先后选派了一百二十名十岁至十六岁的幼童赴美留学。这是近代中国历史上的第一批官派留学生。

第一批留学生虽然派出得很早，但最大规模的官费留学还是美国退还庚子赔款以后的事。

义和团乱后，清廷在政治上仍不肯真正改革，直到日俄战争后，俄国的失败触动了他们，当时舆论大都认为这与俄国未行宪政而日本实行了宪政有着密切关系。迫于形势和舆论的压力，1905年10月，清廷派载泽、端方、戴鸿慈、李盛铎、尚其亨等五大臣分赴日本及欧美各国“考察政治”。次年，出洋考察的大臣们陆续回国，建议朝廷诏定国是，仿行宪政，以便安抚人心，稳定大局。慈禧太后经过反复考虑，采纳了他们的意见。1906年9月1日，清廷正式宣布“预备仿行宪政”。但是，清廷并无立宪的诚意，而是企图借立宪之名，实行中央集权。1908年8月27日，颁布《钦定宪法大纲》，规定大清皇帝的统治“万世一系”，是至高无上、神圣不可侵犯的，一切颁行法律、召集开闭解散议院、设官制禄、统率海陆军、宣战媾和、订立条约、宣布戒严、司法等大权，全在君主一人手中。特别是用人、军事、外交等大权，议院根本不得干预。清廷此举进一步暴露了它根本没有立宪的诚意。

1911年5月，清廷宣布成立第一届责任内阁，在内阁大臣十三人中，满族贵族占了九人，而其中皇族又占五人，被称为“皇族内阁”，军政大权进一步集中到皇族亲贵手中。这就暴露了“预备立宪”的骗局，引起了地方军阀、官员和立宪派的普遍不满，清廷变得更为孤立。立宪派认为清廷此举“不合君主立宪国公例”，要求另外组阁。清廷断然拒绝了他们的要求。各省谘议局联合会发表《宣告全国书》，痛苦地承认“希望绝矣”。立宪运动彻底破产。

庚子以后不能说清廷一事未做。但所做的事都嫌太晚，并且缺乏诚意，终致大清的政权被推翻；战国诸子所预想、秦始皇所创立、西汉所完成、曾支持中国两千年的皇帝制度，以及三千五百年来曾笼罩中国的天子理想，也都由清帝退位时轻描淡写的一纸公文宣告结束。